湖北省交通运输厅公路管理局科技项目成果

交通管理研究丛书

# 湖北省公路行业事业单位分类改革的现状与对策研究

李刚　王孝斌　著

武汉大学出版社

图书在版编目(CIP)数据

湖北省公路行业事业单位分类改革的现状与对策研究/李刚,王孝斌著.—武汉:武汉大学出版社,2018.8
交通管理研究丛书
ISBN 978-7-307-20349-5

Ⅰ.湖… Ⅱ.①李… ②王… Ⅲ.公路运输—行政事业单位—体制改革—研究—湖北 Ⅳ.D630.1

中国版本图书馆 CIP 数据核字(2018)第 145599 号

责任编辑:胡 荣　　责任校对:汪欣怡　　整体设计:汪冰滢

出版发行:**武汉大学出版社**　　(430072　武昌　珞珈山)
　　　　　(电子邮件:cbs22@whu.edu.cn　网址:www.wdp.com.cn)
印刷:北京虎彩文化传播有限公司
开本:720×1000　1/16　印张:10.75　字数:155 千字　插页:2
版次:2018 年 8 月第 1 版　　2018 年 8 月第 1 次印刷
ISBN 978-7-307-20349-5　　定价:36.00 元

版权所有,不得翻印;凡购我社的图书,如有质量问题,请与当地图书销售部门联系调换。

## 作者简介

### 李 刚

汉族，湖北京山人，管理学博士，副教授，有十年大型企业工作经历，2007年进入湖北交通职业技术学院，现任湖北交通职业技术学院建筑与艺术设计学院院长。致力于交通管理和职业教育研究，发表学术论文30余篇，主持或参与省部级科技项目研究20余项。目前担任中国建筑装饰协会学术与教育委员会副主任委员。

### 王孝斌

男，汉族，湖北荆州人，管理学博士，经济学博士后研究出站人员，教授，第五届全国优秀科技工作者，湖北省"科技创新源泉工程"创新创业人才，研究方向为人力资本与技术创新，现为湖北交通职业技术学院副校长，在权威或核心期刊上发表学术论文20余篇，出版学术专著或教材3部，主持或参与国家、省部级研究课题7项和企业咨询项目15项。

# 前　　言

我国的事业单位是指受国家行政机关领导，表现形式为组织或机构的法人实体，具有中国特色的社会法人组织，与企业和行政单位都不尽相同。事业单位在我国几乎涵盖了各个行业领域，如科研、环保、教育、信息、文化、交通、卫生、农林牧水等都有涉及。由于受到社会各方面大幅度改革的影响，我国大部分事业单位逐渐暴露出越来越多的问题，如在自身运行机制、机构设置和管理体制等方面，尤其是在改革潮流的冲击下，越来越多的弊端浮出水面，严重制约了事业单位在新常态下的持续发展，对其的改革势必迫在眉睫。

当前，是湖北省公路行业转变发展方式、调整产业结构、加快自身发展、服务产业转型升级的关键时期，但湖北公路在过去相当长的时期内所形成的诸多亟待解决的问题，如"条块结合，以块为主"体制下的人员膨胀、养事与养人矛盾突出、公路管理事权主体责任模糊、事权与财权不匹配、机构设置不统一、安全应急保障能力较弱、公共服务水平不高等，这些问题的存在，迫切需要实施事业单位分类改革加以综合解决。

本书以湖北省事业单位分类改革为研究对象，采取"理论分析—实践—方案设计—实证分析—政策建议"的逻辑思路，通过借鉴管理学、经济学、组织行为学等多学科的理论和研究方法，对事业单位分类改革的相关理论进行梳理，深入研究其内涵、产生背景、历史变迁，为我省公路行业事业分类改革的理论研究打好基础。通过对我省公路行业事业单位的现状、现阶段面临的困难与存在的问题展开重点研究，采用政策效应分析和层次分析等研究方法，分析其效率与效果，找出我省公路行业事业单位现有模式与发展不相适应的结构性因素，最终形成我省公路行业事业单位分类改革研究报告、指导意见和实施方案建议。

本书的研究成果获 2016 年湖北省交通运输系统优秀调研成果一等奖。

本书在研究中建立了科学高效的分类改革政策，充分发挥其职能，不再以减人减事甩包袱为目的，在明确各级单位的职能属性和定位，打破现有事业单位格局，政、事、企分开，推行配套改革体制，释放活力等方面有独特见解。

本书可作为人事管理、公路管理、工程管理、交通管理等专业学生及交通系统工作者参考读物。

由于"湖北省公路行业事业单位分类改革的现状与对策研究"课题追求的目标是强调应用性研究，在理论部分篇幅不够，再加上作者水平有限，虽几经改稿，书中错误和缺点仍在所难免，欢迎广大读者不吝赐教。

李刚

2017 年 8 月

# 目　　录

**第一章　公路行业事业单位分类改革概述** …………………… 1
　第一节　事业单位 ……………………………………………… 1
　第二节　公路行业的职能特性 ………………………………… 6
　第三节　公路行业事业单位分类改革所涉及的要素 ………… 9
　第四节　国外公路行业管理体制的经验与借鉴 ……………… 21

**第二章　公路行业事业单位分类改革的现实背景** …………… 36
　第一节　我国公路行业事业单位分类改革的提出与发展 …… 36
　第二节　全省公路行业管理体制改革的历史进程 …………… 48
　第三节　全省公路行业事业单位分类改革的必要性和
　　　　　紧迫性 ………………………………………………… 50

**第三章　湖北省公路行业事业单位分类改革的困境分析** …… 54
　第一节　全省公路概况 ………………………………………… 54
　第二节　全省公路行业事业单位概况 ………………………… 55
　第三节　全省公路行业事业单位分类改革存在的问题和
　　　　　原因 …………………………………………………… 61
　第四节　全省公路行业事业单位分类改革面临的障碍 ……… 75

**第四章　湖北省公路行业事业单位分类改革的总体规划** …… 79
　第一节　全省公路行业事业单位分类改革的目标体系
　　　　　建设 …………………………………………………… 79

第二节 全省公路行业事业单位分类改革的指导思想和
基本原则 …………………………………………… 80
第三节 全省公路行业事业单位分类改革的方向和基本
思路 ………………………………………………… 84
第四节 全省公路行业事业单位分类改革的工作重点与
难点 ………………………………………………… 87

## 第五章 实证分析：武汉市公路事业单位分类改革实施方案 …… 89
第一节 武汉市公路事业单位分类改革的困境分析 ……… 89
第二节 武汉市公路事业单位分类改革的总体规划……… 101
第三节 武汉市公路事业单位分类改革的实施方案……… 105

## 第六章 湖北省公路行业事业单位分类改革的政策建议 ……… 124
第一节 分级优化公路事业单位的机构设置……………… 124
第二节 合理完善公路事业单位的职能配置……………… 130
第三节 科学划分公路事业单位的管理事权……………… 136
第四节 深入改革公路事业单位的人事制度……………… 138
第五节 全面推行单位分类改革的配套政策……………… 149
第六节 改革保障措施……………………………………… 152

附表 1 湖北公路系统事业单位承担职能人数情况表 ………… 158

附表 2 全省各市州公路养护里程历史变化情况表 …………… 160

附表 3 全省各市州公路事业单位人员历史变化情况表 ……… 161

**参考文献** ……………………………………………………… 162

**后记** …………………………………………………………… 165

# 第一章 公路行业事业单位分类改革概述

## 第一节 事业单位

事业单位是指受国家行政机关领导，没有生产收入、所需经费由公共财政支出、不实行经济核算，主要提供教育、科技、文化、卫生等非物质生产活动和劳务服务的社会公共组织。事业单位接受政府领导，表现形式为组织或机构的法人实体。与企业单位相比，事业单位有以下特征：一是不以盈利为目的；二是财政及其他单位拨入的资金主要不以经济利益的获取为回报。

### 一、事业单位性质宗旨

（一）性质

事业单位是相对于企业单位而言的。首先，事业单位包括一些有公务员工作的单位，它们不是以盈利为目的，是一些国家机构的分支。

企业单位一般是自负盈亏的生产性单位。所谓"自负盈亏"意思是：自己承担亏损与盈利的后果，有一定的自主权。企业单位分为国企和私企。国企就是属国家所有的企业单位；私企就是属个人所有的企业单位。

（二）宗旨

事业单位是以政府职能、公益服务为主要宗旨的一些公益性单位、非公益性职能部门等。它参与社会事务管理，履行管理和服务职能，宗旨是为社会服务，主要从事教育、科技、文化、卫生等活动。

事业单位的上级部门多为政府行政主管部门或者政府职能部门，其依据有关法律作出相关行为，并且所作出的决定多具有强制力，其人员工资来源多为财政拨款。事业单位的登记在编制部门进行。事业单位与职工签订聘用合同，发生劳动争议后，事业单位可进行人事仲裁。

## 二、事业单位特征

(一)五大特征

1. 提供公共服务

事业单位的功能实际上就是提供公共事业产品，这也是事业单位产生和存在的基本条件。科、教、文、卫等领域的事业单位，是保障国家政治、经济、文化生活正常进行的社会服务支持系统。

2. 属于非公共权力机构

事业单位所从事的事业多是政府职能所派生出来的具体事务，但它却不属于公共行政权力机关，不具有公共行政权力，同类事业单位之间也不存在领导与被领导的关系，它对于行政区划内的其他部门或个人也不具有行政管理的职能，它只能利用自身的专业知识和专门技术向社会提供诸如教育文化、医疗卫生等方面的服务，专业性服务是事业单位基本的社会职能。

3. 属于知识密集型组织

绝大多数事业单位是以脑力劳动为主体的知识密集型组织，专业人才是事业单位的主要人员构成，利用科学文化知识为社会各方面提供服务是事业单位基本的社会职能。

4. 经费来源

我国的事业单位基本上由国家财政统一拨给各项事业经费，这是中国传统事业管理体制的一个基本特征。随着事业单位体制改革的深化和发展，事业单位的经费来源日趋呈现多元化的态势，但来自国家的财政拨款在事业单位的经费中仍然占主导地位。现阶段，我国事业单位经费来源主要包括财政补助和非财政补助两类。

5. 事业单位范围

事业单位的范围涉及教育、科学、技术、文化、卫生、体育等行业部位和领域。其主体具有多元性，其规模具有宏大性。

(二) 功能特征

1. 服务性

这是事业单位最基本、最鲜明的特征。事业单位主要分布在教、科、文、卫等领域，是保障国家政治、经济、文化生活正常进行的社会服务支持系统。

2. 公益性

公益性是由事业单位的社会功能和市场经济体制的要求决定的。在社会主义市场经济条件下，市场对资源配置起决定性作用，但在一些领域，某些产品或服务，如教育、卫生、基础研究、市政管理等，不能或无法由市场来提供，但为了保证社会生活的正常进行，就要由政府组织、管理或者委托社会公共服务机构从事社会公共产品的生产，以满足社会发展和公众的需求。事业单位所追求的首先是社会效益，同时，有些事业单位在保证社会效益的前提下，为实现事业单位的健康发展和社会服务系统的良性循环，根据国家规定向接受服务的单位或个人收取一定的服务费用。

3. 知识密集性

绝大多数事业单位是以脑力劳动为主体的知识密集性组织，专业人才是事业单位的主要人员构成，利用科学文化知识为社会各方面提供服务是事业单位的主要手段。虽然事业单位主要不从事物质产品的生产，但由于其在科学文化领域的地位决定了其对社会进步起着重要的推动作用，是社会生产力的重要组成部分，在国家科技创新体系中，居于核心地位。

(三) 活动特征

1. 设立目的

设立事业单位是为了向社会提供某方面的公共服务。

2. 履行职责

事业单位的职责是为国民经济和社会各方面提供服务，包括改善社会生产条件、增进社会福利、满足广大人民群众的物质文化生活需要，等等。

3. 运行方式

事业单位的运行是通过向社会提供服务，以加快国民经济和社会的发展，从而可进一步促进事业单位的发展。事业单位的运行成果主要体现在提供非物质形态产品之上，但提供非物质形态产品的单位不一定就是事业单位。事业单位与企业单位的划分管理是我国特有的模式。

## 三、事业单位类型

(1)教育事业单位：包括本科院校、高等专科学校、中等专业学校、职业技术学校、普通高中、普通初中和小学、幼儿园、特殊教育学校、工读学校、成人高等教育学校、成人中等教育学校、成人初等教育学校、其他教育单位等。

(2)科学研究事业单位：包括自然科学研究单位(基础型科研院所、公益型科研院所、开发型科研院所)、社会科学研究单位、综合科学研究单位、其他科学研究单位等。

(3)勘查设计事业单位：包括工程勘察院(所、中心)、工程设计院(所、中心)、其他勘察设计单位等。

(4)勘探事业单位：包括地质调查队(所)、探矿队(所)、地质测绘队(所)、勘探技术服务所(中心)、其他勘探事业单位等。

(5)文化事业单位：包括艺术事业单位(如艺术表演院团、艺术表演场馆、艺术展览馆、艺术创作中心等)、群众文艺事业单位(如群众艺术馆、文化馆、青少年宫等)、图书文献事业单位(如图书馆、文献中心等)、文物博物事业单位(如文物保护站、博物馆、纪念馆等)、其他文化事业单位等。

(6)新闻出版事业单位：包括新闻传播单位、报社、出版社、音像出版社、杂志社、编辑单位、其他新闻出版事业单位等。

(7)广播影视事业单位：包括电台广播单位、电视台(站)、影视制作单位、放映单位、其他广播影视事业单位等。

(8)卫生事业单位：包括医院、疗养院、休养所、卫生保健防治单位、卫生检验单位、血液事业单位、其他卫生事业单位等。

(9)体育事业单位:包括竞技单位、体育设施单位、运动项目管理中心、其他体育事业单位等。

(10)农林牧水事业单位:包括农业服务单位(如种子站、植物保护所、土肥站、农机推广站、农业技术推广站、农业试验站、动植物检疫所、水产养殖试验场等)、农业自然保护单位(如农垦区、农场等)、其他农业事业单位;林业服务单位(如林场苗圃、林业机械推广站、林业技术推广站、森林防灾保护站、森林检疫所等)、林业自然保护单位(如国家林业自然保护区、省级林业自然保护区、其他林业自然保护区等)、其他林业事业单位;畜牧业服务单位(如良种配种站、畜牧试验场等)、其他畜牧业事业单位;水文事业单位(如水文勘测站、水文站、水流域管理站等)、水利事业单位(如水利站、水利工程队、防汛调度中心、水库管理局等)、其他水文水利事业单位等。

(11)交通事业单位:包括公路事业单位、航务单位、其他交通事业单位等。

(12)气象事业单位:包括气象管理单位、气象预报事业单位、其他气象单位等。

(13)地震事业单位:包括地震管理单位、地震预报单位、其他地震事业单位等。

(14)环境保护事业单位:包括环境监测站、环境标准站、自然保护单位、其他环保事业单位等。

(15)测绘事业单位:包括测量队(站)、综合测绘队、其他测绘事业单位等。

(16)信息咨询事业单位:包括信息事业单位、统计事业单位、咨询服务中心(站)、其他信息咨询事业单位等。

(17)标准计量、技术监督、质量检测事业单位:包括计量所(站、中心)、技术监督所(站、中心)、质量检测站(中心)、其他标准计量、技术监督、质量检测单位等。

(18)知识产权事业单位:包括专利单位、其他知识产权单位等。

(19)物资仓储、供销事业单位:包括仓库、供销站、其他物资仓储、供销事业单位等。

(20)房地产服务、城市公用事业单位：包括房地产交易中心、房屋安全鉴定所、房屋建设服务单位、住房公积金管理中心、园林绿化事业单位、公园管理处、城市环卫所、清洁卫生队、市政公用设施管理单位、其他房地产服务城市公用事业单位等。

(21)社会福利事业单位：包括福利院、养老院、孤儿院、荣誉军属院、干休所、疗养院、残疾人康复中心、殡葬事业单位、烈士陵园、其他社会福利事业单位。

(22)经济监督事务事业单位：包括律师事务所、税务师事务所、会计师事务所、统计事务所、价格事务所、其他经济监督事务事业单位。

(23)机关后勤服务事业单位：包括机关后勤保障事业单位、房产维护事业单位、接待服务单位、培训机构、文印通信事业单位、其他机关后勤服务事业单位等。

(24)其他事业单位：包括学会、协会、研究会、经济鉴证中介机构、人才交流中心(站)、技术交流中心(站)、外事交流中心(站)、资金清算(结算)中心、驻外地办事处、其他事业单位等。

此外，未列入《事业单位国家行业分类目录》的，各地以事业单位形式设立的机构有：文联、作协、科协、计生学会、法学会、残联、侨联、台联、黄埔同学会、对外友好协会、关工委、思想政治研究会、红十字会、贸促会等，这类机构列入群团组织；各地承担行政职能的事业单位，列入行政类事业单位。

## 第二节　公路行业的职能特性

根据世界银行的定义，基础结构被称作是一国经济的社会管理资本。公路作为我国公路网的主体，是国民经济的基础产业，关系国计民生、老百姓的切身利益，是我国覆盖范围最广、通达程度最深、服务人员最多、服务功能最普遍、公益性最强的交通基础设施和结构，对保障人民生活水平和促进社会繁荣进步起着先导性作用，并在一定程度上决定着国家(或地区)的经济活力和发展水平。

公路作为一种公共品,其基本特征是"非排他性"和"非竞争性",同时在主要职能上又具有行政执法、行政执行及行政监督的特点,其区别于其他产业的主要特点在于公路基础设施具有突出的社会公益性和公共服务性,在整个国民经济发展过程中的基础性和跨地区性。具体分析如下:

(一) 基础性

公路行业的社会基础性主要体现在以下四个方面:一是服务形式的基础性。通过公路出行和运送货物,是最为普遍的一种方式。现在公路运输所承担的货运量在五种运输方式中占70%左右,这就充分说明了公路的基础性;二是服务功能的基础性。作为国家基础性服务行业,公路系统是国民经济的命脉,是各行各业的"先行官",是商品经济赖以生存和发展的必要条件,它对国民经济的运行具有基本承载作用,政府也正是通过管理公路来实现其交通领域的公共服务职能;三是服务对象的公共性。公路不仅服务于所有的生产部门、流通部门、消费部门,服务于物质资料生产的全过程,而且服务于社会政治、军事、文化、教育等各个领域;四是服务效益的社会性。公路在促进国民经济发展、促进商品流通、加快自然资源的开发和利用以及满足社会公路客货运输需要等方面发挥着重要的作用。政府投资修建公路,其目的不仅在于缩短运输里程、减少交通拥挤、节约运输时间、降低运输成本、加快物资流通、便于人员交往、促进公路沿线经济发展,而且在于提高国防、行政区域管理及民族团结与交流等方面的社会效益,在于为社会发展创造必要的条件。

(二) 公益性

根据经济学原理,基础设施都有不同程度的公益性,而公路便具有较强的社会公益性。在衣食住行中,行是基础,是关键纽带,公路是出行的重要载体。公路作为一种社会公共产品,受众对象广泛,在服务公众出行、搞活产品流通、促进新农村建设方面具有重要作用。公路的社会公益性体现在经济社会发展的各个方面。公路是由政府规划,用纳税人缴纳的税费来筹建,并服务于全社会公众的，公路服务包含从进入公路到离开公路的全过程，其服务内容及服务质量受提供区域、提供单位、提供对象等因素影响，不同公路管理者对服务的管理、要求存在差异。国家通过统筹规划和投资兴建公路这一公共设施来为社会经济的发展提供服务，如保证货物流畅、创造良好投资环境、带动其他相关产业等。除少量的收费公路外，用户使用时无需再支付额外的费用。公路的受益者虽然也是社会成员，包括纳税人自己，但受益者和贡献者并不一一对应。这种现象本身就反映了公路的公益性特征。公路的真正价值不仅在于其每年征收的通行费以及其服务产业创造的价值，更在于它为国民经济发展所提供的服务。公路管理和公路服务的客观特点，决定了国家对公路的管理，应该有一个以民生为导向的、超属地局限的、具有较强宏观调控能力以及有利于调动各方面和各地区积极性的公益性公路管理机构，确保公路公益性特性的功能发挥。

(三) 商品性

公路除具有社会基础性和公益性之外，还具有一定的商品属性。众所周知，商品是用于交换的劳动产品，具有价值和使用价值。公路的修建要经过货币资本到生产资本的转化，同时要消耗物化劳动和人类劳动，同样具有价值和使用价值。公路能使货畅其流、人便于行，实现客、货位移的时间节约与空间有效利用，这就是其使用价值，公路凝结的无差别的人类劳动就是其价值。

公路具有的"级差效益"，充分体现了公路的商品属性。公路等级不同，提供服务时所产生的效益就不相同。公路在减少交通拥挤、缩短运行距离、节约运行时间、降低运行成本等方面为使用者带来了理想的经济效益。

实现相同的客货位移，使用公路获得的比使用一般公路所高出的那部分效益，就是公路的级差效益。正是这种特殊的效益性质决定了公路的再生产可以采用区别于一般公路的补偿形式，即通过收费的方式对公路进行价值补偿。

公路虽然具有一定的商品属性，具有使用价值和特定意义上的交换价值，但公路并不是作为商品而修建的。商品的价值是通过商品交换得以体现的，但公路这种劳动产品的交换过程非常特殊，只是体现为其使用权在有限时期内的有偿让渡，简单地说，就是使用者通过缴纳通行费，使用（即通过）公路。不能作为普通商品交换的公路只能反映其建造成本，而无法直接体现其经济学意义上的价值。所以，虽然公路具有一定的商品属性，但又不完全等同于普通意义上的商品，因而，发展公路不能像生产一般商品那样以追求利润为主要目的。对部分由特许性的企业经营管理的公路，政府必须能对其进行有效控制，以防止此类企业为追求垄断利润而造成社会经济效益下降。

（四）垄断性

和大多数基础设施一样，公路具有自然垄断的特点。公路建设所需投资巨大，而且不能产生直接的经济利润（除少量的收费公路），只有通过政府或公共部门才能提供，无法与其他商品一样通过市场机制来供给，这就必然决定了它的自然垄断性。

（五）不可分割性

作为一种网格化的结构物，公路必须互相连通，形成网络，其功能和作用才能充分发挥，在建设和使用上有很强的不可分割性。其建设和使用一次至少要求在两个社会经济活动中心点之间全线完成。公路不同于一般商品，生产规模可大可小，销售数量可批可零，其具有网络性、层次性、统一性、均衡性等特点，不能在建设和使用中按里程任意截取而破坏其整体性，这就决定了路网必须作为一个整体来进行统筹规划和科学管理，不能进行任意分割。

## 第三节 公路行业事业单位分类改革所涉及的要素

公路行业管理体制的组成要素分为实体要素和关系要素两个方面，实体要素主要指管理机构和管理人员，是管理体制的硬件和载体部分；关系要素主要指管理规则和运行机制，是维系管理主体作用于管理客体以达到预定管理目标的条件。

### 一、公路事业单位及其机构设置的基本原则

作为国家公益性事业单位的重要组成部分，公路事业单位指公

路管理机构及其内部具体从事某一专业管理的工作部门，即交通运输主管部门下设的具体负责实施公路建设、养护、管理等公路行政管理工作的组织，包括公路管理局、路政管理局等组织机构，它是经济社会发展中提供公路公共产品，进行公益服务的主要载体，是履行普通公路建、养、管、收等公益服务职能的重要力量，是政府经济和社会管理的重要部门，是联系社会生产、分配、消费与交换各个环节的重要纽带。

目前，全国公路管理机构多为交通运输主管部门的下设机构，机构性质主要分为事业单位和行政机关两大类，其中事业单位又分为"全额拨款"、"财政补贴"、"自收自支"、"参照《公务员法》管理"等四种类别。

如内蒙古自治区公路路政执法监察总队、陕西省公路局路政执法总队第一支队等为全额拨款的事业单位；广西高速公路管理局、青海省高等级公路建设管理局等为自收自支的事业单位；参照公务员管理的事业单位，如重庆市交通行政执法总队，是行政执法专项编制，人员参照公务员管理的副局级单位；湖南省公路管理局，是参照公务员管理办法管理的副厅级单位；陕西省公路局路政执法总队，是正处级事业单位，经费管理形式为财政差额补贴。

2009年国家取消公路养路费后，全国省级公路管理机构基本上已从自收自支的事业单位性质转为财政拨款或参照公务员管理的事业单位性质，也有各别省级机构仍为自收自支的事业单位，如内蒙古自治区东部区高等级公路管理处、海南省公路局、广西高速公路管理局等为自收自支的事业单位性质。全国市级、县区级公路管理机构多数仍为自收自支的事业单位，仅有北京、浙江省、江西省、黑龙江省、四川省等少数省和直辖市的市级公路管理机构实现了"参公"管理。广东省公路管理机构改革后，新组建的交通综合执法机构属于行政机关，其余各市县公路管理机构实现了"参公"管理。

目前，公路事业单位的机构设置一般是根据公路里程长短来确定管理幅度的划分，以50—60公里为最基本的一个基层管理单元，而随着公路里程的延长，在超出基本管理幅度的情况下，设置多层上级管理主体扩展管理幅度。公路专业管理部门的职能边界划分，则是根据各自管理工作的性质和具体特点来明确的，这种划分必须有利于公路管理统一目标的实现。

从公路管理幅度分层分级而要求指挥便捷有效的角度，以及公路管理业务内容多、技术分工细，需要协作配合、有机统一的角度看，构建其管理机构，应充分吸取和利用直线制及职能制机构模式的优势，克服其不足，将二者结合起来形成"直线职能"制模式，即公路各级管理主体，自上而下实施垂直领导，下级管理机构的领导只听命于其上一级主管领导，执行相应职能，而每级管理主体均根据管理业务和技术需要设置职能部门辅佐同级主管领导统管各类业务。上下级同类职能部门之间不存在领导与被领导关系，而只是业务指导关系，也即上级职能部门无权向下级同类职能部门下达命令或指示，上级职能部门也不能直接向下级管理机构的主管领导下达指令，而只能通过本级机构主管领导下达有关指令。直线职能制模式管理层级合理、管理幅度适当、责任权限清楚、标准规范严明，有利于在统一指挥下，各部门之间各司其职、各负其责、自主管理；有利于职能部门间紧密配合、相互协调、提高管理效率。

直线职能制模式决定了公路管理机构设置的理论原则：

(一)认同目标，统一领导

公路管理的主要目标是有效地利用各种技术手段和管理手段提高公路的运营效率，在交通需求不断增长的情况下保持和改善公路的服务质量；对公路设施进行有效的维护，保证其服务功能的稳定性和持续性。

构建高效的管理机构是实现这一目标的根本手段。由于公路管理内容非常复杂，需要众多的具体管理主体来完成相应的管理任务，因而不同的主体都有各自明确而具体的管理目标。这些分层次、分类别的具体目标，只有服务于、服从于公路管理的整体目标，形成有机联系的统一整体，才能确保公路管理总目标的最终达成。这就要求各层次、各类别的管理主体，首先要认同总目标，在总目标的统率下，在确立总目标的最高层管理主体的统一领导下，合理制定自己的目标，并努力去实现它。

### (二)专业分工,相互协作

公路管理的内容和具体任务,既有工程技术方面的,又有经济和行政管理方面的,而且每个方面的任务内部同样因技术、经济要求不同而存在很大差异。这种专业技术与管理工作性质的差异性,要求设置不同的职能机构,才能实现管理工作的专门化、程序化、标准化。

按专业分工设置管理机构,有利于提高部门内部工作效率,但同时也会因机构之间的协调、配合不够而造成整体效率损失,而且同一机构内部按更为细致的专业分工要求而设置的不同管理岗位间,同样也会由于协作不充分而造成管理功效内蚀。这种情况下,要求机构之间、岗位之间必须加强协作,树立全局观念,不仅要利用专业分工优势提高自身工作效率,更要创造协作、协同效应,提高公路管理体制的整体效率。

### (三)控制幅度,分级管理

管理幅度原则是现代科学管理的一个重要内容。所谓管理幅度是指一名上级管理者所能直接有效地管理下级人员或组织机构的数量。公路管理不仅专业技术内容复杂,而且管理对象地域分布广阔,因而单靠一个层级的管理机构是无法胜任的。必须根据公路管理的技术经济特点,针对公路不同管理业务的特殊要求,结合我国公路交通管理机构现有分级方式,科学合理地界定管理幅度,实行分级管理。

### (四)明确职能,权责一致

职能即公路管理机构的基本职责与功能,是机构存在的必要前提。设置每一层级和各类专业职能机构,首先要明确其管理任务、职责范围,使每个管理主体(机构及人员),都明确了解和接受其所在机构的管理任务目标,知道应该做什么。其次要根据各种机构的职能要求,赋予其履行职责所必需的权力,这是保证管理机构完成任务、实现目标的手段与措施。公路管理的复杂性使得明确机构职能、界定赋权限度时,一定要全面对等、职权到位、责任落实,既不能交叉重叠,也不能造成遗漏。

(五)政企分开，政资分离

公路管理中既有国家行使管理权限的某些行政职能，如公路发展规划、专业管理规则制订、交通安全管理、路政管理等，又有从事生产经营的企业管理职能，养护工程的实施、服务设施的经营管理等。若公路管理的行政与经营管理职能不分，在公路本身所特有的独立、封闭而形成的自然垄断性作用下，政企不分必然造成行政垄断与经营垄断。而无论何种垄断方式，都不利于管理效率的提高，更不符合社会主义市场经济的根本要求。因此，公路管理机构设置需体现我国经济体制改革所要求的政企分开原则，建立起"办事高效、运转协调、行为规范"的公路行政管理机构，同时将应由且能由企业经营管理的业务交给企业去经营管理，由企业法人根据经营业务需要，建立自身内部的管理机构。

## 二、公路事业单位的职能配置

公路管理职能是指管理主体在公路管理活动中所具有的职责和功能，它取决于管理目的所决定的管理内容及标准要求。根据公路相关法律法规可知，公路管理机构受交通运输主管部门的领导，因此，应由交通运输主管部门集中行使法规政策、标准规范、发展规划等决策职能；将公路管理机构定位为法律法规授权的行政组织，由公路管理机构行使公路路政执法、行政处罚、超限治理等执行职责。在公路管理过程中，交通运输主管部门扮演着决策者、监督者的角色，而公路管理机构则担任执行者的角色，只有明确两者之间的角色定位，才能明确公路管理机构的职能定位。

公路与其他行业相比，在职能配置上有其特殊性，其工作内容主要分为交通安全管理、养护管理、路政管理、收费管理、信息及监控管理和服务管理等六个方面，省级和市一级公路管理机构依据《公路法》《公路安全保护条例》等法律法规章文件，依法承担全省行业计划、路政管理、养护（绿化）、建设、应急处置、收费、公路监管、涉路行政审批、公共服务、公路相关数据统计等行政管理职能，无从事公益服务及生产经营活动的情况；市（州）、县（市、区）公路事业单位由局机关及直属二级单位组成，既有行政管理职能，又有生产职能，还有公益服务职能，属混合型事业单位。各机构管理机关依法承担行政职能，二级直属单位中，路政支队(大队)履行行政管理职能；政府还贷收费站、治超站、养护中心等承担公益服务职能；路桥公司、工程建设公司、监理咨询公司及道路油供应站等承担生产经营职能。

具体来看，界定公路行业各级事业单位的职能实质上就是要从纵向上确定自上而下各级管理主体的管理幅度，从横向上明确同级主体各类专业管理部门的具体职能边界。

## 三、公路事业单位的人员配备与管理

人是生产力中最具能动性的要素，也是公路管理体制中最活跃的因素。公路管理人员配备的数量与结构，往往直接决定着管理工作的效率与水平。公路管理中既有专业性很强的技术、经济业务，也有一般事务性的工作，同时还需要完成一定的组织协调工作。不同的工作性质、不同的工作岗位要求配备相应条件的工作人员。

公路管理人员配备的数量，要结合具体管理工作的实际情况，执行国家或行业劳动定额，尽可能做到少而精。具体而言：

(1)各级管理机构的领导干部人数，要根据管理幅度(这里特指一个领导干部所能有效指挥、组织、协调下属机构人员的多少)，按"精简、统一、效能"之原则具体确定。

(2)专业技术人员数量则要根据不同层级管理机构各专业部门职能的要求，按照"定岗定员，一专多能"的原则合理配备。

(3)一般工作人员在一线从事具体的收费或养护作业，要按照国家劳动定额，根据工作班次运转要求恰当安排。配备管理人员，除了按上述原则满足数量要求外，还应充分重视各级、各类管理人员的素质和结构的合理化。管理人员的结构主要包括专业技术结构、文化层次结构、年龄结构、性别结构等。在数量有限的管理人员群体中，只有将具有这四个方面不同特性的人员合理配置，形成结构吻合、层次递进的管理群体，才能最大限度地提高管理工作效率。

### 四、公路事业单位的运行机制

公路管理体制作为由众多实体要素和关系要素构成的有机整体，能够对公路营运过程中的诸多活动（交通管理、养护、路政、收费、信控、服务等六类）进行决策、计划、组织、协调和控制，以达到公路安全畅通、运行有序、良性发展的目的，是一个复杂的有机系统。公路管理体制中，既有管理机构分层级、分类别而致的结构网络化的复杂性、管理规则体系化的配套性，更有管理人员在系统中行为的目的性、能动性和控制作用。这些特殊因素和相互关系决定了其要实现系统功能必须具有如下运行机制：

（一）竞争机制

提高公路管理中的行政和经营管理活动效率，是公路管理体制运作所追求的永恒目标。而每一项管理活动都是由具体的机构和人员来承办完成的，因此，必须首先提高这些机构和人员的工作效率。国内外社会经济发展过程中的大量事实已证明，择优汰劣的竞争是提高经济活动效率的有效措施，也是提高管理活动效率的重要方法。在公路管理体制运作过程中，应能组织开展同级管理主体（如各条线路管理处、各职能部门）之间的多种形式的竞赛，奖优罚劣，刺激这些部门不断提高效率；对于公路养护施工等经济活动还应能通过招标竞争的办法，选择养护质量好、养护速度快的队伍，保证经济活动的效率和效益。而对各种管理岗位上的工作人员，也应有竞争上岗的机制，以保证上岗的人员始终是管理群体中的优秀分子，并使之在工作中感受到无时不在的竞争压力，进而主动地不断追求更高的效率、更高的质量。

（二）激励机制

如果说竞争是公路管理体制中各种机构、各类人员追求效率的压力的话，那么，激励则可以看作其管理行为的动力。激励机制是管理体制中采取激励行为的部门及被其激励者之间的一种关系，激励的方式除了经济刺激外更应注意非经济手段的应用。考察现代管理思想和理论发展的历史，可以清楚地看到，在管理中对人的认识早已由初期的"经济人"（人的生存与劳作只为追求经济利益的增加)而发展为现代行为科学管理中的"社会人",即人作为复杂社会系统中的一个成员,其需求有多个方面,经济利益只是其中的一个方面,社会和心理因素对管理成效也有极大影响。

因此,在公路管理活动中,应根据体制构成中人的不同需要,提出实现这些需求目标的途径和激励措施,使得管理人员在追求各项需求满足的过程中提高管理效率。根据马斯洛提出的人类需求层次理论,人们追求需求满足总是从低级到高级的过程,只有低等级需求得到满足后,高等级需求才会出现,而且不同等级需求对人的行为的影响力大不相同,需求层次等级越高表现的形式也越多,具有的激励作用也越大。激励机制之所以能够存在,原因就在于管理主体自身不同等级需求的不断进化。对于公路管理中的经营企业来讲,追求自身经济利益的最大化就是其发展的根本动力,因而激励企业搞好经营管理、提高服务质量的最直接有效的办法,就是在给予其"付出"以合理"回报"的基础上,选择适当的时机再施以一定经济利益刺激。而对于行政管理机构运作和管理人员的激励,则要以经济手段为基础,以满足人的不同层次的社会需求为辅助。

(三)协调机制

公路管理体制作为一个有机整体,其运作效率的提高必然要以各子系统、各级组成要素间的密切配合为基础。公路管理体制的协调机制既表现为各职能管理部门间的相互支持关系,也表现为上下级机构间的权责落实、政令畅通、运转有序;既表现为管理体制内部要素间的有机结合,也表现为体制对其外部社会经济环境的适应功能。协调机制的形成除了各级各类职能机构的自我约束与调整外,还需要上级管理者对其下属机构的管理运作按照规定进行必要的干预。在其具体实现过程中,除运用法律、行政命令、技术要求等强制手段之外,还应注意建立良好的社会、文化、心理环境,促进管理人员由被动协调对象变为积极参与者,调动与发挥其主观能动性,取得强制手段所不及的效果。

(四)反馈机制

反馈是公路管理体制这一大系统中信息传递的一种形式。公路管理体制运作的反馈机制就是将管理体制视为一个开放的系统,将体制运作的绩效(具体表现为各种管理活动的效率或服务质量)交由社会评价,再将评价信息返送给相应管理活动的操作者(部门或个人),以便其改进工作,达到自我完善的目的。

反馈机制的建立,从管理体制系统内部来讲,一方面要建立信息反馈的规则与制度,譬如重大事项的请示与报告制度;另一方面要投入必要的物质技术手段,譬如先进实用的公路通信设施,保证信息传递渠道的畅通快捷。而从公路管理的特殊性来看,其管理对象的重要一部分是来自社会各界的过往客人,这些管理对象既是信息的来源,也是信息的载体,投入设施、建立渠道充分利用这部分信息资源,改进管理与服务质量,也是建立公路信息反馈机制的重要内容。

(五)监督机制

公路管理中既有国家赋予的行政管理权,又有经济活动的有关收益权,因此,公路管理体制中,监督机制的建立,应作为一种约束与规范管理权力行使的重要任务来实现,应视为管理体制系统有序运作的内在要求。

建立公路管理体制的运作监督体制,一方面要从建立规则完善制度入手,形成管理机构与管理人员自我约束相互监督的运作秩序,形成上级管理主体监督下级管理主体的职责关系,建立公路管理体制内部整体的良好的自我监督体系;另一方面公路作为社会经济大系统的一部分,还应接受社会监督,自觉将各项管理活动置于群众监督、舆论监督和国家专职行政监督部门的监督之下。

### 五、公路事业单位的行业规则

没有规矩不成方圆。公路管理体制运行规则,也是保证体制运作走向程序化、规范化、法制化的基本条件。

由于公路管理涉及社会面广泛,管理业务本身又是一个复杂的体系,因而保障其管理体制有效运转、管理活动高质量完成的管理规则,也是一个庞大的规则体系。它主要包括有关法律、法规和规章,有关政策规定,行业、专业技术标准与规范,各级各类管理机构具体作业制度和章程等。

### (一)法律、法规和规章

公路管理作为整个社会经济活动的一个组成部分,依法行政、依法管理,不仅是党和国家强调依法治国的要求,更是公路管理活动有效展开的内在需要,因此,法律及具有一定法律效力的法规和规章,自然成为公路管理体制构建与运作的最高行为准则。但是由于种种原因,目前,我国尚未有一部正式的公路管理法规,因此,公路管理只有参照普通公路管理法律和法规,如:《公路法》《行政处罚法》《公路管理条例》《道路交通管理条例》《治安管理处罚条例》以及部分省出台的公路管理地方性法规等。公路管理实施的主要依据是《公路管理条例实施细则》《高速公路交通管理办法》《公路养护管理办法》《公路养护工程合同管理办法》《公路经营权有偿转让管理办法》,以及部分省政府就某些公路使用管理而颁布的规章等。

### (二)有关政策

目前,在全国公路迅速发展的过程中,国家和各级地方政府针对具体的工程项目,从建设用地、工程用料、劳动用工、资金筹措到管理原则、管理方式和服务要求等多个方面,都发布了各项优惠政策,有力地促进了公路建设与发展。有些政策还成为公路管理体制构建与运作的重要依据。如国务院办公厅《关于交通部门在道路上设置检查站及公路管理问题的通知》(国办发〔1992〕16号),诸多省(市)政府就公路管理颁行的"会议纪要"、"批复函"、"通知"等。

### (三)行业技术标准与规范

公路管理是一项技术性较强的工作。只有在公路养护、路政及交通安全管理与处罚、通信、监控服务等具体业务操作过程中,严格执行有关技术标准、行业规范,才能确保其管理水平的不断提高,确保管理的有效性和合法性。目前,我国与公路管理有关的主要技术标准、行业规范很多,在此不一一列举。

### (四)各级各类管理机构自定的规章制度

公路管理体制本身是一种复杂的系统,其执行法律、政策和行业标准必须落实到具体工作中去,即相应管理职能都要由各级、各类机构高效运转来实现。这些机构日常的具体管理业务,应达到的标准与要求千差万别,必须结合本部门的实际管理工作提出可操作的规章制度。目前,我国各省(市)公路管理实践中,就收费管理、服务区管理、路政管理、养护管理等制定了大量的各具特色的规章制度。

## 六、各要素间相互关系

公路管理体制的四大构成要素(机构、人员、规则、机制)有机结合成一个完整的系统,实现着公路以交通安全、养护、路政、收费、信控和服务管理等六项内容为主的管理活动。四大构成要素间的相互关系也体现在管理体制运作过程中各自不同的地位或作用上,体现在公路管理活动中各自之间相互联系、相互配合、相互制约的过程中。公路管理体制中,管理机构是体制存在的物质基础,管理人员是体制运作的动力源泉,管理规则是体制运作的规范依据,运行机制则是体制有效运转的保障条件。这四种要素之间的相互关系共有12种不同的影响方式和内容(参见图1-1)。

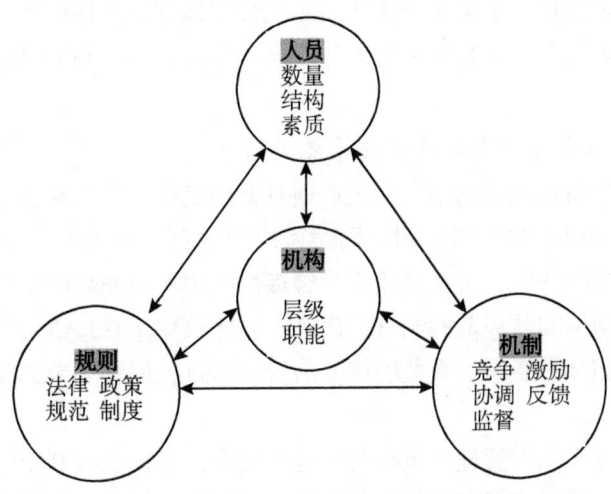

图1-1 公路行业事业单位分类改革所涉及的要素关系图

### (一) 管理机构与其他要素之关系

公路管理机构设立及基本装备的配置，取决于公路管理职能的合理、科学界定，而管理职能则取决于管理内容与管理标准要求，管理内容与标准又取决于公路管理的目的和目标。由这种逐级递进的逻辑关系中可以看出，管理机构的存在受制于管理规则，受到有关法律、政策的直接影响；而从管理体制运转进程来看，任何管理活动都是人为的控制过程，机构有关管理职能必须依靠人的活动才能实现，而且人员的结构和素质对管理机构运作效率影响至深；运行机制直接影响到机构的工作效率，甚至导致其职能的重新界定，有时还引起机构的重新调整。

### (二) 管理人员与其他要素之关系

管理人员是公路管理体制中最具能动性的要素。管理人员的数量、结构和素质往往是决定体制效率的关键因素。从与其他三种要素之关系来看，管理人员配备必须根据管理机构所设的岗位要求，按照管理人员配备规则来进行，人员的结构、素质也必须按不同岗位的要求来选择、确定和优化。在公路管理活动中，管理人员要受到所有运行机制的作用与调节，竞争、激励、协调、监督机制基本上是针对管理人员来实行，从而实现管理体制高效运作的。反馈机制有时虽然不直接针对某类人员，但其作用过程还须通过管理人员来完成。

### (三) 管理规则与其他要素之关系

在公路管理体制中，管理规则对管理机构、人员和运行机制都有一定的约束和保障作用。同时，规则的订立须服务于机构的运作、人员的调配、机制的建立。管理规则中各职能部门章程、各项管理活动标准与规范的制订、修改，显然取决于管理机构肩负的业务性质和具体要求；有关法律的出台与修订，同样要考虑现有机构的运作实际。

管理规则对管理人员行为规范的约束，不仅要有利于管理目的的实现，同时还要考虑到人的自然属性的基本要求，而管理规则对运行机制的调节则还要受到各种机制作用方式的反向制约。

（四）运行机制与其他要素之关系

运行机制是公路管理体制中的一种关系要素，也是一种无形要素，同时，它还是唯一需要融于其他要素之间而存在并发挥作用的要素，因此，它的存在要以其他三种要素为前提和依托。竞争、激励、协调和监督机制要以规则为依据，以人和机构为直接或间接对象；反馈机制则要作用于其他要素，达到修正管理活动、提高管理效率的目的。

公路管理体制的运行机制依托于管理机构的相互关系，服务于其管理职能与目标的实现过程，需要以管理规则的形式来确立其影响和制约的对象的具体行为方式，而这种影响或调节都要相互实现，因此，建立公路管理体制所应有的竞争、激励、协调、反馈和监督机制，首先要切合公路管理机构模式特点，根据行政管理机构与经营管理机构运作的职能与目标不同而有所侧重；其次，要根据各种机制调节对象、作用方式、欲达目标之不同，采取相应的对策，逐步建立和完善运行机制体系，实现公路管理体制运作的整体目标。

## 第四节　国外公路行业管理体制的经验与借鉴

### 一、美国公路管理体制

美国公路网络相当发达，全国共有630多万公里公路，其中联邦公路29.61万公里，州际公路128.7万公里，地方公路464.6万公里。按道路的种类分，干线公路（包括州际公路系统）65.3万公里，集散道路130万公里，地方道路和街道427.6万公里。

美国是法律制度健全的国家，在有关公路管理的法律条文中，对公路管理机构的权利和义务都有明确的规定，其工作中出现的问题由法律部门来监督和裁决。公路管理部门作为一个政府职能部门完全按照法律规定的职责范围开展工作。目前管理体系分为三级，即中央、州、地。州、地管理的里程占道路总里程的94%，联邦政府管理的里程仅36.4万公里，占道路总里程的6%，其中包括国家森林中道路和国家公园内道路,其他联邦土地上的道路,以及美国土著人保护区内的道路。美国联邦政府设有统管各种运输方式的联邦运输部,各州政府设有州运输厅,县、市、镇等地方政府中也有相应的交通运输主管部门。

(一)联邦运输部的机构设置

美国联邦运输部是主管全国各种运输事务的最高行政机构,其职能是制定国家全面的交通运输政策和长远规划、管理交通基础设施的建设,促进交通安全。其主要由联邦公路管理局、联邦铁路管理局、联邦航空管理局、城市公共交通管理局等10个专业职能部门和13个业务办公室组成。

(二)联邦公路管理局

美国联邦公路局的职责几乎包括公路的所有方面,是主管全美公路规划、建设、养护、运营及汽车运输的职能部门。其主要任务有:国家公路系统规划、实施联邦资助公路计划、公路安全管理、汽车运输管理、公路养护管理等。其总部设在华盛顿,并在全美各地设有区域性机构办公室,大约有3400名员工。

(三)州运输厅

美国各州政府对地方交通运输管理起着极其重要的作用,州运输厅的主要职责对各种运输方式的综合发展进行规划,管理联邦和州公路资金的使用,并具体负责公路建设计划、设计、施工、养护、安全、营运,以及车辆登记、司机发照等工作。几乎所有大交通量的公路都由州运输厅直接管理。

(四)县、市、镇交通局

美国的州以下地方政府(县、市、镇)一般也相应设有交通主管部门,负责公路的建设、养护和管理,一般只管理一些交通量小、标准低的地方道路。

## 二、英国公路管理体制

英国公路交通运输非常发达,到2013年年底,全英国由高速公路和干线公路构成的干线公路网总里程已达50390公里,占公路总里程的 12.76%。其中英格兰的公路网由两类道路构成：交通部下属的公路局管辖的高速公路/干线公路，以及由郡、区议会管辖的地方道路。

英国公路实行三级管理体制，即交通部、公路局和地方公路管理部门。

(一) 交通部

英国交通部负责全英综合运输网。交通大臣正副共 4 人，均为国会议员，其中三位副职一人分管铁路与公路、一人分管民航和水运，另一人分管伦敦地区的运输与道路安全。交通大臣之下设交通秘书，主管交通部日常事务，英国交通部内与公路有关的组织机构，如图 1-2 所示。

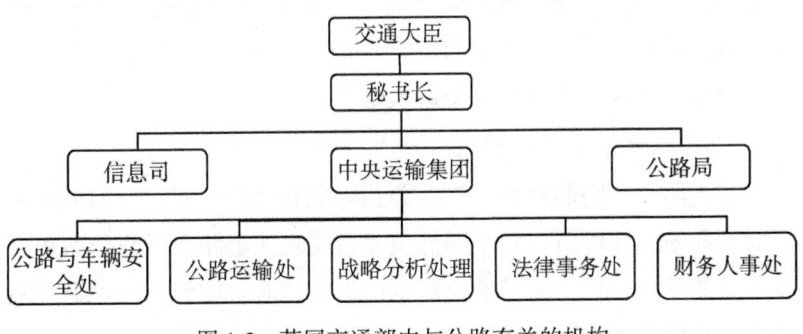

图 1-2 英国交通部内与公路有关的机构

交通大臣负责干线公路网(含高速公路和干线公路)总体政策的制定，并为公路局确定发展战略框架及资金使用计划。

(二) 公路局

英国公路局成立于 1994 年 4 月，前身是交通部"公路、安全与车辆指挥部"。成立公路局的主要目的，是为了借鉴私营机构的管理模式，提高政府机构的办事效率。公路局成立后，对英格兰北部、中部和南部三个大区进行重组，每个大区分别管辖几个"地区"，这样英格兰高速公路/干线公路网被分为 24 个区。公路局统一负责英格兰高速公路/干线公路网的规划、投资与管理，而其他道路的责任仍属于地方——郡议会和大都市当局。公路局的基本任务是，在交通大臣领导下，管理和养护英格兰地区的干线公路网，并实施政府的干线公路网改造计划，以确保干线公路网的高效、可靠、安全及与环境的互相协调。

公路局的具体任务是：尽可能地为公路使用者及受公路影响的公众提供最好的服务；负责新建及养护项目的实施，以确保最佳的效益（以费用-效益、单价为评估指标）；采取措施，降低道路伤亡事故率；权衡公路施工、养护和使用中的利弊（包括环境上与经济上），找到最佳方案；逐年提高公路局的办事效率（以办公费用占总拨款额的百分比为评估指标）。

公路局目前拥有1670名员工，总部在伦敦，并在八个城市设有分局，负责各自所在地区的事务。公路局局长通过公开竞争选拔，由交通大臣任命，任期固定。公路局局长名义上属于秘书长管辖，但在重大问题上直接对交通大臣负责。

（三）地方公路管理部门

在英国，公路的养护，根据公路等级和功能不同，分别由国家交通部和地方政府负责。交通部主要负责高速公路、干线公路和主要公路的管理养护，而其他公路则由地方政府负责养护。资金分别由中央和地方政府财政预算支出。

英国干线公路实行三级管理体制，由公路局统一负责。公路局根据全国干线公路分布，将全国的干线公路网划分为9个区，每个区设立一个直属的区公路局，负责本区的公路管理。区公路局又通过签订合同协议书的形式，将干线公路分段委托给所经县、郡、市的当地政府，由其代为养护，负责各辖区内干线公路的养护管理。这样的"地方养护代理"，全国共有86个。此外，有4个区公路局，对本区内部分干线公路，通过招标选择咨询公司作为其养护管理代理。目前全国有养护管理代理90个，作为养护管理代理的地方政府和咨询公司直接负责干线公路的养护管理。

在英国现行三级公路养护体制中，各级管理机构的职责主要是进行公路养护的技术、财务和合同管理。管理机构没有自己专门的施工队伍，所有养护工程的施工和专项路况检测，则是通过招标委托承包商或专门的技术公司完成。

英国运输部内部只保留一些核心部门，运输部之下采取"执行局"的模式，公路管理机构定位于具体行使执行职能的法定机构，即法定的"执行局"。公路局主要负责高速公路和干线公路设施及其交通的管理、运营和改善等。

### 三、日本公路管理体制

"二战"以后，日本公路在里程和质量上都有了巨大的发展。到 2014 年年底，日本公路通车总里程为 120.88 万公里，其中，国道 11.09 万公里，省道(都道府县道)20.1 万公里，国省共管公路 14.48 万公里，市乡村公路 102.4 万公里，高速公路 10014 公里。日本的公路管理也可以分为三个层次，中央层次是建设省大臣领导的日本公路局；都道府县级(相当于我国的省级)和市町村(相当于县级)均设有相应的公路管理机构。

(一)日本公路局

日本公路局由建设省大臣直接领导。该局负责公路规划、产业政策、法律、技术和环保等方面的行政管理职能。主要职责是制定政策、法规，并检查监督。协调各都道府县和道路公团管理国家公路。它下设有 15 个部门。

(二)日本道路公团

日本道路公团是日本公路局下设的专门负责全国高速公路建设的管理机构。道路公团的全部资本由日本政府拥有，它根据日本公路局的决策和规划进行独立运作。

(三)地方政府公路管理机构

地方政府的公路管理机构负责本辖区内除高速公路外的所有公路的管理工作，但关于国家公路的事宜须由地方行政长官与建设省大臣协商并得到批准。

## 四、法国公路管理体制

法国拥有世界上最密集、欧盟最长的公路网，主要包括国道、高速公路（特许经营高速公路和非特许经营高速公路）。法国交通体制是以行政区划体制为依据，采取"大交通"的管理形式。

法国交通管理体制实施四级管理体系，主要分为国家级、大区级、省级以及下级区县公路管理机构，具体表现为：由生态、可持续发展和整治部（以下简称整治部）统一管理全国公路、铁路、航空、水运等；整治部在各大区分别设立大区行业管理机构行使行业管理职能；法国各个省份设有交通局，负责省管辖范围内的道路。

在公路行政管理体制上，法国国家公路网包括国道、高速公路（特许经营高速公路和非特许经营高速公路），是由国家负责管理的。国道和一般性道路在使用和特性上都具有很大的相似性。法国的公路管理实行分权管理，道路归属不同的管理机构管理。

道路交通总局（DGR）是整治部下设的具体负责管理国家公路网的一级机构。下设有高速公路管理处、道路政策和发展分局和国家公路网管理分局等5个分局。DGR在法国各大区设有21个服务订约局（SMO）和11个省际道路局（DIR），履行国道交通行政管理职能。

对于不同性质的高速公路的管理，法国有着不同的管理体制。

非特许经营高速公路即免费公路的建设和养护，由道路交通总局（DGR）负责管理，或外包给专业公路养护公司养护。

特许经营公路即收费高速公路，则由国家采用合同招投标方式特别授予特许公路经营公司在合同规定的时限内负责公路的建设、管理与养护工作。当然，合同规定期限内，特许经营公司可以对所负责管辖的公路进行收费管理。由道路交通总局（DGR）负责合同招标制度管理，并由其负责对所特许的经营公司公路管理行为及质量进行监督。

道路交通总局的行政架构如图1-3所示。

法国高速公路的管理机构、职能及性质见表1-1。

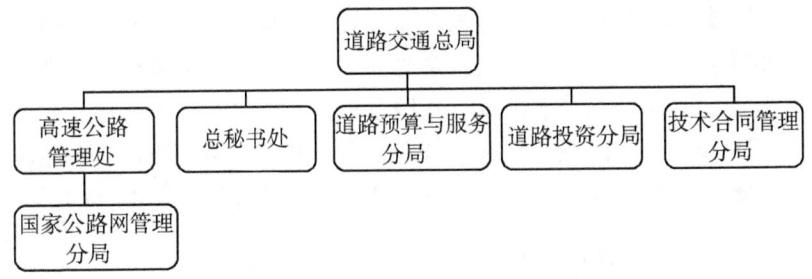

图1-3 法国道路交通总局行政架构

表1-1　　法国高速公路管理机构、职能及性质

| 公路类别 | 归属方 | 决策机构 | 建设和管理机构 | 机构性质 |
|---|---|---|---|---|
| 特许经营高速公路 | 国家 | 整治部（道路交通总局） | 特许经营公司 | 法定的"特殊法人" |
| 非特许经营高速公路 | 国家 | 整治部（道路交通总局） | DIR 和 SMO | 政府二级行政机构 |

## 五、德国公路管理体制

德国的联邦交通、建设与住房部是联邦交通运输事业的主管机关，下设有公路建设和公路交通司、建筑和城市建设司等职能部门。在德国，公路划分为联邦远程公路（联邦高速公路和联邦公路）、州级公路、县级公路和乡镇公路四个层次。

根据1953年颁布的"联邦远程公路法"，规定联邦远程公路的联邦高速公路和联邦公路构成国家干线公路网，其所有权属于国家。联邦交通部公路建设管理局负责制定公路发展政策和建设规划（重点是国道）；负责国道的建设、养护和管理及工程监督和验收；对州道、县道和乡镇道路予以补助；管理公路桥梁的建造和土木工程；处理公路营运和养护事务；管理建设材料和施工机械的研发和试验；办理征收道路用地有关事务；制定有关法规和技术标准。

联邦远程公路由联邦运输部负责规划和提供资金,授权各州政府的公路管理当局进行建设、维修养护和管理,资金来源于联邦政府财政收入中的部分燃油税。州级公路由各州自建自养自管,主要利用州政府征收的汽车税和州自有资金。县及乡镇公路建设由相应地方政府负责,使用当地自筹资金并从州和联邦政府获得补助。

## 六、经验总结及启示

我国和以上各发达国家的公路管理机构设置和职能配置对比如表1-2和表1-3所示:

表1-2 中国与部分发达国家公路管理机构设置情况对比

| 机构类别 | 国家 | 设置模式 | 机构性质 |
| --- | --- | --- | --- |
| 政府机构 | 中国 | 中央:交通运输部(内设公路局)<br>省政府:交通运输厅,内设公路局(承担普通公路建设、养护、路政、收费职能)和高管局(负责高速公路管理,部分省份由国资委统一管理或交通运输部门和国资委共同分属管理) | 政府二级行政机构 |
| | 美国 | 中央:联邦运输部设联邦公路管理局<br>州政府:设州运输厅(少数设公路局) | |
| | 日本 | 中央:国土交通省下设道路局<br>地方:都道府县一级管理机构,下设路政科、收费公路科等部门 | |
| | 法国 | 中央:生态、可持续发展和整治部下设道路交通总局<br>大区:各大区设服务订约局(SMO)和省际道路局(DIR)<br>各省:设交通局 | |
| | 德国 | 中央:交通、建设与住房部设联邦公路建设管理局<br>州政府:设州公路管理局,其下设联邦高速公路管理段和联邦公路管理段 | |

续表

| 机构类别 | 国家 | 设置模式 | 机构性质 |
|---|---|---|---|
| 执行机构 | 英国 | 中央：政府主管部门运输部下设执行机构高速公路局<br>区：运输部下设区公路局<br>地方：设郡公路局 | 法定行政执行机构 |
| 特许公司 | 日本法国 | 依《道路公团法》设道路公团<br>依《高速公路特许经营法》设特许经营公司 | 法定"特殊法人" |

由表1-2可知，虽然发达国家的规模、政治体制和经济发展水平均不同，但其公路管理体制中都呈现出一些共同的特点，值得我们学习借鉴。

(一)科学定位，依法行政

从机构性质上来看，西方国家一般没有中国称之为"事业单位"的概念，没有事业单位性质的公路管理机构，而是将类似于中国事业单位的组织归于政府机构或半政府机构。美国、日本、法国、英国的公路交通管理机构的机构性质基本上属于政府行政机构。虽然英国公路管理机构属于法定行政执行机构，但也属于政府行政机构的范畴。尽管日本和法国在行政管理的基础上，设立专门的法定"特殊法人"来进行公路管理活动，其主管部门公路管理机构仍是行政机构。这种政府机构性质的定位，符合公共信托理论及韦伯的组织管理理论要求。

从管理手段上来看，上述五个国家的公路管理机构在监管手段上都是以法律手段为主，兼用行政、技术和经济手段，均具有完善的公路法律、法规体系，以法律、法规为核心构建的法律体系涵盖了公路规划、建设、养护、管理等方面。通过立法的形式，对各级政府在路网管理中的职责、公路管理机构设置、任务和目标、管理工作制度等事宜进行明确，减少了管理过程中的人为因素，而且法规十分具体，具有极强的可操作性。各级公路管理部门对工作中出现的问题，主要通过法律途径来解决，即国家行政机关在公共行政管理活动中必须依照宪法、法律、法规和规章的授权和规定来履行职责。其基本内容是，行政机关的设立和权限由法而定，处理事务以及相关的各种社会关系均须以法律为基本依据和优先原则。

表 1-3　中国和部分国家公路管理机构职能设置情况对比

| 国家 | 国家公路管理机构 | 地方政府公路管理机构 |
| --- | --- | --- |
| 中国 | 交通运输部公路局：负责公路建设市场监管，拟定公路建设、维护、路政、运营相关政策、制度和技术标准并监督实施，承担高速公路网运行监测和协调，国家重点公路工程设计审批、施工许可、实施监督和竣工验收；起草公路有关规费政策并监督实施 | 省交通运输厅(委)公路管理局：承担公路建设、养护、路政、收费等职能。(部分省份路政管理分设或综合执法机构统一行使) |
| 美国 | 联邦公路管理局：负责公路规划、建设、养护和运输等方面的法律及政策事务。主要通过三项行动计划施行管理，即联邦资助公路计划，联邦属地公路计划和汽车运输安全计划 | 州运输厅：负责本州联邦资助公路以及地方公路的建设和养护管理。包括制定路网规划和项目计划；分配本州资助公路基金及其他公路资金；资助本州公路建设和改造；管理本州公路设计、施工、养护事务 |
| 英国 | 运输部公路局：拟定全国公路网规划和项目计划并报运输大臣审定后实施；投资建设、改善、养护和管理干线道路及所有高速公路(具体工作合同委派给地方)；对地方道路建设、改善和养护予以补助 | 郡公路局：制定地方公路网规划、计划并报中央政府批准；投资建设、改善、养护和管理所有地方道路；受中央政府委托具体负责国道干线(包括高速公路)的设计、建设、改善、养护和管理 |

续表

| 国家 | 国家公路管理机构 | 地方政府公路管理机构 |
|---|---|---|
| 法国 | 运输部公路局：制定全国公路发展政策和规划（重点是一级国道和高速公路）；向地方政府分配公路建设资金，对省道及以下道予以补贴；负责一级国道、高速公路修建和养护；签订特许经营合同并监管执行；制定公路技术标准，管理技术发展；制定公路交通条例，管理公路交通 | 省公路管理局：制定省一级的路网规划；根据省议会预算，向地方政府分配公路建设资金，对农村道路予以部分补贴；负责二级国道、省道的修建和养护 |
| 德国 | 联邦交通部公路建设管理局：制定公路发展政策和建设规划（重点是国道）；负责国道的建设、养护和管理及工程监督和验收；对州道、县道和乡镇道路予以补助；管理公路桥梁的建造和土木工程；处理公路营运和养护事务；管理建设材料和施工机械的研发和试验；办理征收道路用地有关事务；制定有关法规和技术标准 | 州政府公路管理局：制定州公路规划，重点是州道规划；代理联邦政府养护和管理国道；负责州道的建设、养护和管理；对县道和乡镇道路予以补助；制定有关州道及州道以下级别道路的规划、建设、养护和管理等方面的法规和技术标准；代理大部分县政府管理和维护县乡道路 |

（二）分级管理，事权一致

从公路管理体制来看，美国、法国、日本、英国对公路的管理模式基本上是"大交通"的管理形式，实施统一规划，分级管理，且偏重于三级垂直管理体制，即公路管理机构只接受一个主管机关的领导，这样能够保证政出一门、政令通畅，有效避免了由于主体不清、职能不清等引起的一系列问题的发生。这种管理体制符合韦伯的组织管理理论要求，也符合我国的大部制改革及事业单位改革的基本要求。

在分级管理的同时，以上各国根据公路在路网中的层次和功能，对路网进行科学划分，明确界定各行政级别的政府在路网管理中的职责，各级公路的管理主体十分清楚，各负其责，如英国中央政府的公路局就只负责干线公路的管理，其余公路由地方政府负责管理。干线公路管理的资金来源、管护责任全由中央承担，与地方无关；日本的国家中央政府直接负责高速公路的筹资、建设和管理，其公路的管理事权均在地方，只是涉及国道事宜须征得中央政府的同意。这样整个路网管理的内部机构之间不存在因事权不清、主体不明而带来的矛盾和冲突，也不会出现推诿、扯皮现象。

与此相比，我国的公路管理过程中，路网管理的主体十分含混，各级公路管理机构都对路网负有责任，但其实又都不负责任。比如实行块块管理模式的省份，从理论上讲省交通厅负责全省所有公路的管理，但实际上公路管理的人财物均在地市，各级地市才是公路管理的真正主体，省交通厅要实现管理存在一定的难度，因为会存在主体不清，职责不明的矛盾。

(三)职能清晰，合理配置

虽然国外公路管理体制形式多样，但本质上都是按照公路行政管理的职能和专业特点设定的，由政府主管部门及其领导下的公路专业管理机构履行公路行政管理职能。从职权分配的角度来看，是统一领导下的职能制组织形式，强调决策、执行、监督的相对分开，突出公共服务职能的转变和政府自身的绩效管理，政府下设的公路管理机构主要履行公路行政管理职能，更多强调公共服务性，关注行业与环境、市场调节、人民需求等外部目标，将工作重点放在综合规划、政策法规、统一协调、监督检查及工程招标等方面，而将具有区域统一性的具体专业管理职能和事权交由公路专业管理机构来执行。

从公路管理机构职能划分来看，美国、日本、法国都将普通公路与收费公路分开进行管理。美国设有单独的收费公路委员会及其下设的收费公路管理局；日本设有日本道路公团，即收费道路综合管理机构；法国政府授权特许经营公司在一定时期内对收费高速公路，即特许经营公路进行管理，对于普通公路的管理职能、权限基本上按照中央和地方来进行划分的；英国的高速公路基本上不实行特许经营制，而是由运输部对干线道路及所有高速公路统一管理，地方道路全部由地方政府公路管理机构管辖。同时，他们都认为公路与其他运输方式具有同等重要位置，其行政管理职能独立并享有行政主体资格，使公路成为经济社会发展的重要保障，从而真正体现了公共产品的属性。

总的来说，上述四个国家的各级公路管理机构职能划分和配置基本上遵循统一与效能的原则，标准相对统一、主体明确、职能清晰、定位合理、统一高效，很好地促进了各国公路事业的发展，实现了决策层与执行层的有效分离，公路行政管理职能按决策层和执行层配置，城市公共交通及交通安全管理职能由交通部门履行，符合服务型政府职能科学、政企分开的要求，尽管各国都将普通公路与收费公路区分开来进行管理，但这种区分仍是在一个主管机关即中央或省级公路管理机构的职能范围内进行的职能划分。无论普通公路管理机构还是收费公路管理机构，都要接受主管机关的监督与管理。

(四)具有完善的公路养护市场化体系

国外公路养护管理实行管养分开和提高质量、效益的原则，公路养护生产单位是自主经营、自负盈亏、独立核算、自我发展的企业法人，公路养护走的是市场化的路子，社会化、专业化、机械化养护的程度很高，主要的养护生产任务基本由功能齐全、规模适度、技术先进，具有一定竞争实力的公路养护生产企业完成，这样有利于提高公路养护资金的使用效益。

发达国家普遍建立了向全社会开放的公路养护工程市场，日常公路养护工作通过市场化的方式运作，用市场打破地区和部门界限，体现了公开、公平竞争的原则。为了规范运作行为，维护市场秩序，公路养护工程推行项目法人负责制度、招投标制度和工程监理制度，尤其是加强了对招投标工作的监督，做到了工作合理、投标合理、报价合理。按市场经济要求严格实行合同管理制，项目业主以及设计、施工、监理等单位都要严格按合同办事。各级公路管理机构认真履行监督检查职责，对不履行好合同的单位认真查处。由于有完善的市场准入规定、市场管理体系，公路养护市场化运作较为规范。

### (五) 充分发挥专业管理机构的作用

发达国家的公路行政管理体制是在政府交通主管部门(如交通部)的统一领导下,将公路管理的事权交由公路专业管理局来行使。

公路专业管理机构作为区域内唯一的公路管理主体全面行使行业管理职能,其主要职能主要体现在综合规划、政策法规、统一协调、资金管理、监督检查等方面。这种行政组织模式符合公路行政管理的特点,较好地适应了集中统一领导的要求。它避免了政府主管部门承担过多的事务,精简了公路管理机构的规模和层次,使其管理职能进一步集中化、综合化和高效化。同时,各项行政管理事务可在公路专业管理局得到更深入、细致的规划和部署,并得到切实落实。

反观我国目前的地方公路管理体制,省交通厅下设的省公路局其实并没有切实履行专业管理局的职能。省公路局无法也无权对与其平行设置的高速公路公司实施行政管理,因此,只能由省交通厅来亲自承担相关事务,使政府职能无法切实转变,机构难以精简,事无巨细都要出面协调,使政府机构改革的目标无法实现。由此,借鉴国外的经验,今后在我国地方公路管理体制改革过程中,必须要充分树立专业管理局的权威,并赋予其相应的职权,真正使其成为政府主管部门的得力助手,让政府主管部门从繁杂的事务中充分解脱出来。

综上所述,在事业单位分类改革的趋势下,我国公路管理机构应该学习国外的先进经验,进行行政化改革,全方位界定公路管理机构的性质及职能,建立科学的行政管理体制,进一步完善法律法规,实现公路管理机构行政性质的有效回归。政府应对公路进行统一规划和建设监督,行使其宏观管理职能。公路的经营活动应由具备相对独立能力的机构或企业,在政府的调控与市场机制的驱动下,进行专门经营。一般可以根据投资性质的不同,组建不同性质的公路管理局或公路公司,如股份公司、有限责任公司等。也可采用特许经营公司的形式,由公司在政府特许线路的特许经营期内,从资金筹措、施工、养护管理到收费、偿还贷款等方面对公路进行全过程经营。公路的宏观管理以交通部门为主,微观经营以企业为主,实现投资主体多元化,建设资金资本化,经营管理企业化。

# 第二章　公路行业事业单位分类改革的现实背景

## 第一节　我国公路行业事业单位分类改革的提出与发展

### 一、我国公路事业单位的职能配置现状

(一) 国家层面公路行政管理职能配置现状

当前,我国公路行政管理由交通运输部负责。交通运输部内设公路局,负责公路政策标准制定、发展规划、行业监管、资金划拨等行政管理职能(见表 2-1)。交通运输部公路行政管理职能主要包括:组织拟定并监督实施公路行业规划、政策和标准;指导公路行业体制改革;公路固定资产投资;拟定公路规费政策并监督实施;承担公路建设市场监管责任;指导公路行业安全生产和应急管理工作;指导公路运输信息化建设,监测分析运行情况,指导公路行业环境保护和节能减排工作;负责公路国际合作与外事工作。

表 2-1　　交通运输部与部公路局职能配置情况表

| 职能 \ 行使机构 | 交通运输部 | 公路局 |
|---|---|---|
| 组织拟定并监督实施公路行业规划、政策和标准 | √ | 提出公路建设规划、计划和国家重点公路建设项目立项审核工作的建议 |

续表

| 职能 \ 行使机构 | 交通运输部 | 公路局 |
|---|---|---|
| 指导公路行业有关体制改革工作 | ✓ | 起草公路管理体制改革方案，并指导实施 |
| 负责提出公路固定资产投资规模和方向、国家财政性资金安排意见，按国务院规定权限审批、核准国家规划内和年度计划规模内固定资产投资项目 | ✓ | ✗ |
| 拟定公路有关规费政策并监督实施 | ✓ | ✓ |
| 承担公路建设市场监管责任；拟定公路工程建设相关政策、制度和技术标准并监督实施 | ✓ | ✓ |
| 组织协调公路有关重点工程建设和工程质量、安全生产监督管理工作 | ✓ | ✓ |
| 指导公路行业安全生产和应急管理工作 | ✓ | 组织实施公路应急处置工作 |
| 负责国家高速公路及重点干线路网运行监测和协调 | ✓ | ✓ |
| 指导公路行业环境保护和节能减排工作 | ✓ | ✗ |
| 负责公路国际合作与外事工作，开展与港澳台地区的交流与合作 | ✓ | 组织开展国内外公路工程技术交流与合作 |
| 指导农村公路建设工作 | | ✓ |
| 承担公路标志标线管理工作 | | ✓ |

2009年，交通运输部完成了部机关及直属机构的"三定"方案的制订，经国务院办公厅批复后实施。部公路局现有公路行政管理职能配置在部原公路司职能基础上整合形成，调整、理顺了公路行政管理职能。部公路局职能主要包括：承担公路建设市场监管工作，拟定公路建设、维护、路政、运营相关政策、制度和技术标准并监督实施；承担国家高速公路及重要干线路网运行监测和协调；

承担国家重点公路工程设计审批、施工许可、实施监督和竣工验收工作；承担公路标志标线管理工作；指导农村公路建设工作；起草公路有关规费政策并监督实施。部公路局内设机构有：办公室、建设市场监管处、农村公路处、工程管理处、技术管理处、路网管理处、养护保通处。

(二) 省级层面公路行政管理职能配置现状

各省、直辖市、自治区公路行政管理由各级政府负总责，交通运输主管部门及其公路管理机构实行分层管理、分级负责。省级交通运输主管部门承担公路规划、投资计划、公路政策标准制定等职能(见表2-2)。省级公路管理机构具体承担公路建设、养护、路政、收费等职能。

表2-2 全国部分典型省级交通主管部门职能配置情况表

| 主要职能 \ 省份 | 广东 | 浙江 | 江西 | 陕西 | 湖北 |
|---|---|---|---|---|---|
| 公路规划 | √ | √ | √ | √ | √ |
| 政策、标准、规范制定 | √ | √ | √ | √ | √ |
| 公路建设管理 | √ | √ | √ | √ | √ |
| 养护市场监管 | × | √ | √ | √ | √ |
| 路政管理 | √ | √ | √ | √ | √ |
| 公路绿化 | × | × | × | × | × |
| 规费征收 | × | √ | √ | × | √ |
| 公路国有资产管理 | × | × | √ | × | × |
| 农村公路养护管理 | × | × | × | × | × |
| 路网监测 | × | × | × | × | × |
| 安全生产管理 | √ | √ | √ | √ | √ |

普通公路行政管理模式有三种(见表2-3)：一是垂直管理模式，代表省市13个：北京、山东、山西、广东、广西、海南、云

南、贵州、甘肃、宁夏、青海、新疆、西藏；二是条块结合，以块为主的模式，代表省市 17 个：湖北、上海、天津、重庆、河北、黑龙江、吉林、辽宁、内蒙古、江苏、浙江、福建、安徽、江西、河南、四川、陕西；三是混合管理模式，代表省份是湖南省，省对市州实行以块为主，市州对县实行垂直管理。

表 2-3　　　　　　　　普通公路行政管理模式

| 管理模式 | 代表省份 |
| --- | --- |
| 垂直管理模式 | 北京、山东、山西、广东、广西、海南、云南、贵州、甘肃、宁夏、青海、新疆、西藏 |
| 条块结合模式 | 湖北、上海、天津、重庆、河北、黑龙江、吉林、辽宁、内蒙古、江苏、浙江、福建、安徽、江西、河南、四川、陕西 |
| 混合管理模式 | 湖南 |

高速公路管理模式主要有三种(见表 2-4)。一是交通运输部门统一管理模式(14 个省份)，如：贵州、云南、湖南、山西、河北、吉林、辽宁、黑龙江、甘肃、青海、四川、陕西、河南、福建等；二是国资委统一管理模式(5 个省份)，如江西、山东、广东省高速公路建设、维护、管理由国资委全权负责；安徽、海南省由国资委下属交通投资公司负责建设、管理；三是交通运输部门和国资委共同分属管理模式(3 个省份)，湖北省高速公路资产由国资委管理，高速公路建设由国资委下属交通投资公司负责，高速公路管理由交通运输系统负责；江苏省高速公路建设由交通运输部门和国资委共同承担，高速公路管理由国资委负责；浙江省高速公路建设由交通运输部门负责，管理由国资委负责。

高速公路行政执法模式主要有三种：一是重庆模式(高速公路交通安全管理、路政执法、运政执法合一)；二是福建模式(路政执法、运政执法合一)；三是单一执法模式(公路管理机构只负责路政执法)。

表 2-4　　　　　部分省份高速公路管理模式

| 管理模式 | 代表省份 |
| --- | --- |
| 交通运输部门统一管理模式 | 贵州、云南、湖南、山西、河北、吉林、辽宁、黑龙江、甘肃、青海、四川、陕西、河南、福建 |
| 国资委统一管理模式 | 江西、山东、广东、安徽、海南 |
| 交通运输部门和国资委共同分属管理模式 | 湖北、江苏、浙江 |

(三) 总体分析

综合国家和省两个层面的公路管理职能配置情况，从总体上看是基本合理的，较好地适应了公路管理需要及经济社会发展要求，公路建设里程增长迅猛，公路网结构逐步优化，公路质量技术状况保持良好，公路服务水平明显提高，促进了公路交通又好又快发展。但是，在具体的职能分配上仍然存在许多弊端，比如交通安全管理职能在公安、交通两个部门间界定的不合理性。如前所述，公路的技术特征和管理系统化特征都要求包括交通安全在内的管理职能统一。特别是交通安全管理不仅仅涉及车辆交通管理问题，往往还有赖于公路本身技术标准和建设养护质量。此外，从公路作为一种财产的形成过程来看，交通部门作为管理主体代表国家所拥有的产权，理应包括依附于这种权利的交通安全管理权，而从管理目标的一致性要求来看，两个部门职能界定不合理，管理工作不协调，也必然不利于管理效率的提高，不利于公路管理总体目标的实现。

## 二、我国公路事业单位分类改革的历史进程

改革开放以来，尤其是"十五"期间，随着国家加大基础设施建设力度，全国兴起公路建设高潮，公路等级不断提高，路网不断健全，公路交通网络和基础设施建设得到迅速发展。截至 2012 年年底，全国公路总里程达 419.34 万公里，是 1978 年的 5 倍，高速公路 9.59 万多公里，居世界第二位；全国农村公路（含县道、乡

道、村道)里程达 375.80 万公里。"十一五"期间较"十五"期间，公路总里程增长约 106%，高速公路增长约 80%，农村公路增长约 20%，公路在我国经济社会发展中的基础性、先导性作用进一步显现。当前和今后一个时期，公路交通仍处于大发展时期。

与快速增长的公路交通出行需求相比，公路管养事业总体上还处于较低的发展水平。虽然全国各省相继对公路养护管理行业进行了机制改革，以促进发展为导向、地方为主体的公路管理体制目前也在一定程度上调动了地方各级人民政府的积极性，促进了公路建设的跨越式发展，为推进国土资源均衡开发、优化产业结构布局、促进经济社会发展和改善人民群众生产生活条件提供了良好条件，但是许多深层次的体制和机制问题却并未得到很好的解决。

由于各级公路管理机构主体认识性的局限和政策性的约束，公路事业单位通常被作为职能转换的"缓冲地带"，最终导致其"政事企"职能交叉，职责边界不清，管理行为混杂，基本还是停留在计划经济模式上，管理体制缺乏活力，影响了公路养护资金投资效益的发挥。公路管理机构既担负着公路管理的行政职能，同时又承担着公路养护、施工、设计等任务，是事企合一的管理体制。这种管理体制的主要表现是生产按计划安排，经费按人头划拨，职工的竞争意识比较淡薄，造成生产效率低，运营成本高，特别是各级公路管理机构在计划经济体制下形成的各种生产性单位，都依附于各级公路管理机构，长期依靠财政拨款维持，养路费投资效益得不到充分发挥。

随着我国社会主义市场经济体制的初步确立，现行事企合一的公路管理体制和封闭、垄断、低效的运行机制已越来越不适应形势的发展，特别是我国已经加入了 WTO，公路"费改税"政策实施的法律程序也已经完成，现行管理体制逐步失去了继续维持的基本条件。随着国家行政事业单位体制改革步伐的加快，以及社会主义市场经济的不断深化，推行公路事业单位分类改革，建立与市场经济相适应的公路管理体制，提高公共服务的水平和效率，是全国公路管养行业当前面临的主要任务。

具体来看，公路事业单位的分类改革是指按照社会功能标准将公路行业的事业单位划分为承担行政职能、从事公益服务和从事生产经营活动三种类别，并按照承担行政职能的单位，逐步转归为行政机构、从事公益服务的单位仍保留事业单位性质、强化其公益属性、从事生产经营活动的单位逐渐转化为企业等基本原则对事业单位进行组织归类、功能整合的一种渐进式变革。我国公路行业事业单位分类改革的提出与发展历程大致如下：

（一）1992年党的十四大到2002年党的十六大

20世纪90年代，在中共十四大确立了社会主义市场经济体制的基本路线后，事业单位也开始探索与之相适应的新的管理体制。这一时期关于事业单位机构改革的三个重要文件中（1993年中共中央印发的《关于党政机构改革的方案》和《关于党政机构改革方案的实施意见》，1996年中办、国办印发的《中央机构编制委员会关于事业单位机构改革若干问题的意见》），针对"政事不分"的弊端，确立了"政事分开"的原则，提出"分类指导"的工作方法。尽管不同时期、不同地区的分类有所区别，但有一个共同的核心概念，即：事业单位的"公益性"。中央机构编制管理部门按照事业单位的社会公益性质对其进行了分类：一是公益性、福利性事业单位（占70%），二是生产经营性或开发性事业单位（占25%），三是其他类事业单位（含行政延伸性、机关附属性）事业单位。但是这种分类的依据仅仅是服务对象，尚未体系化地建立以职能为基础的事业单位分类框架。20世纪90年代后期，对事业单位进行分类的研究逐步深入，并且局部地反映在中央和地方的一些相关事业单位规范性文件中。如西宁市按照基本职能将事业单位分为五类：行政管理型、社会公益型、公益兼经营型、机关后勤型及服务型。

2001年，中央机构编制委员会办公室专门组织了"事业单位分类改革和分类管理调研组"，设计出新的分类体系：一类是承担政府行政行为或为政府行政行为提供保障事务职能的单位（可称为行政保障类）；二类是承担国家交办的发展公益事业或准公益事业、基础性任务，面向社会提供服务的单位（可称为公益类）；三类是从事有偿性经营服务、具有自我发展能力、有稳定收入来源的单位（可称为经营类）。中央编办的张雅林博士提出，根据目前事业单位在我国政治、经济和社会生活中的不同功能，在机构编制上将事业单位分为三种类型：行政执行类、社会公益类和生产经营类。不同类型的事业单位承担不同性质的任务，实施不同的改革思路，并具有不同的经费供给渠道，以及财务、人事和社会保障等方面的管理体制和运行机制。

在国家事业单位分类改革的政策引导下，公路行业分类改革的外部环境和条件也逐渐形成，交通部在《公路养护与管理发展纲要（2001—2010年）》中明确提出要"加快公路管理体制改革步伐"，"尽快建立精简高效、职能明确、权责一致、运转协调、办事规范的新型公路管理体制"。根据交通部"事企分开，管养分离"的原则，近年来全国各省对公路管理体制改革进行了研究，并将研究成果应用于实践。各省结合自身的实际情况，积极稳妥地进行公路管理体制改革尝试，取得了一定的进展。河南省公路局通过省政府出台了事企分开的公路养护管理体制改革方案，对公路管养行业进行了大刀阔斧的改革，为全国公路管养行业自上而下的改革开了一个好头。四川、吉林、江西等省市也启动了一系列的市场化改革工作，获得了不少有益的经验。改革让公路管养行业相关人员增长了见识，开阔了思路，并受到了启发。由于各省经济发展水平、道路状况以及省情的不同，在公路管理体制上各有特点，在改革举措上各有不同，但改革现行公路管理体制的时机已经成熟。

（二）2002年党的十六大至2007年党的十七大

2002年，党的十六大通过的《中共中央关于制定"十一五"规划的建议》中提出，要对事业单位进行分类改革，"继续推进政企分开、政资分开、政事分开、政府与市场中介组织分开，减少和规范行政审批。各级政府要加强社会管理和公共服务职能，不得直接干预企业经营活动"。

十六届五中全会明确"分类推进事业单位改革"，规定了事业单位改革的目标和要求。世界银行课题组针对中国事业单位的研究报告中也明确指出，中国的事业单位应该分类规范，"事业单位改革从一开始就特别强调分类，这反映出政府对事业单位的多样性和复杂性有清楚的认识，并且强调这些多样性和复杂性对确定政府自身的角色有重要意义"。据此，浙江、江苏、山东、辽宁等省市先后制定了本地实施方案，开始了事业单位分类改革的初步尝试。江苏等地出台了事业单位分类改革政策文件，在对现有事业单位科学合理分类的基础上，首先将主要从事生产经营活动的事业单位转制为企业，有的地区开展了管办分离、法人治理结构等事业单位管理体制和运行机制改革。

2006年6月，经国务院批准，中央机构编制委员会办公室制定了《关于事业单位分类及相关改革的试点方案》（征求意见稿），对中国事业单位分类改革提出了初步的思路。《方案》以社会功能为标准，将事业单位划分为承担行政职能的、从事公益服务的和从事生产经营活动的三个类别，针对不同类别的事业单位，提出了不同的改革方法和处理意见，并进一步提出，今后将不再批准设立承担行政职能的事业单位及从事生产经营活动的事业单位，至于从事公益服务的事业单位将主要由社会力量举办。中央编办在我国东部、中部、西部地区分别选择了浙江、山西和重庆三省市作为推行事业单位分类改革的试点地区。

此阶段，交通部也明确要求各级公路管理机构要结合事业单位改革形势，根据政事分开原则，明确机构定位，合理设置机构，鼓励省级部门实施统一管理，最终建立"一省一厅一局一市场"的公路行政体制架构。

### （三）2007年党的十七大至今

2007年10月，党的十七大再次明确提出，加快推行事业单位分类改革，深入贯彻以人为本、全面协调可持续的科学发展观，合理界定事业单位的职能范围和类别，并对不同类别的事业单位实施相应的管理和改革已成为当前的一项重要任务。

党的十七届二中全会通过的《关于深化行政管理体制改革的意见》提出："要适时推进事业单位分类改革。按照政事分开、事企分开和管办分离的原则，对现有事业单位分三类进行改革。主要承担行政职能的，逐步转为行政机构或将行政职能划归行政机构；主要从事生产经营活动的，逐步转为企业；主要从事公益服务的，强化公益属性，整合资源，完善法人治理结构，加强政府监管，同时，配套推进事业单位养老保险制度和人事制度改革，进一步完善相关的财政政策。"

2008年8月11日，中央编办会同有关部门制定的《关于事业单位分类试点的意见》正式印发，并选取了山西省、上海市、浙江省、广东省、重庆市5省(市)作为试点地区，先行启动了本地事业单位分类改革，相关行业体制改革也在自上而下地继续推进。

2011年3月出台，2012年4月正式全文发布了《中共中央国务院关于分类推进事业单位改革的指导意见》(以下简称《指导意见》)和《国务院办公厅关于事业单位分类的意见》等9个配套文件(以下简称《配套文件》)。意见在充分调查研究和总结上海、重庆、广东、浙江、山西等5个省市地方和行业事业单位先行先试改革经验的基础上，对事业单位分类改革作了全面的部署与计划安排，明确了改革的指导思想、原则要求和目标任务，指出事业单位改革要在2015年基本完成分类，在2020年要完成中国特色公共服务体系建设，意见将事业单位分为承担行政职能类、从事公益服务类和从事生产经营活动类三个大类，同时把从事公益服务的事业单位又细分为两类，最主要的是在具体分类标准中还给地方预留了一定的空间，充分考虑了地方改革力度上存在的区别。考虑到事业单位门类众多、数量庞大等复杂性，中央在时间安排上也考虑了改革的长期性和有序性。此次改革还出台了事业单位分类、编制管理、财政政策、国有资产管理、法人治理结构建设、人事制度改革、收入分配制度改革、职业年金办法等9个配套文件对改革进行解释和说明，明确了事业单位绩效工资改革情况。同时确定要逐步建立起独立于单位之外、资金来源多渠道、保障方式多层次、管理服务社会化的社会保险体系，进一步明确了事业单位的养老保险改革的方向。可以说，这次事业单位改革是历史上酝酿最充分、考虑最成熟的一次改革。

2011年6月初，全国分类推进事业单位改革工作座谈会在北京召开，对改革作出了动员部署。至此，事业单位分类改革工作在全国范围内正式推进。目前各地区各部门正在按照党中央、国务院的部署安排，积极稳妥分类推进事业单位改革。这一次全国范围的事业单位分类改革，对公路管理体制的完善产生了重大影响。

综上所述，公路事业单位的分类改革是公路管理机构自身角色的重新选择和划分，是进一步推进公路管理体制改革，建立适应社会主义市场经济体制要求的社会公共交通服务体系的大势所趋。

### 三、我国公路事业单位分类改革的实践经验

由于我国社会经济发展存在差异，公路技术状况也不平衡，各省的改革步伐也不一样，公路管理体制各有不同，但总体上基本还是实行"事企合一、管养一体"的传统管理体制。近年来，随着全国公路事业单位分类改革的提出和发展，各级公路行政管理部门进行了积极的改革探索，为公路事业单位分类改革工作积累了丰富的实践经验。

（一）明确公路行政管理职能配置是推进公路行业科学发展的必要条件

2009年，根据国务院批复的交通运输部及直属机构"三定"方案，设立了部公路局。交通运输部重点抓公路行业规划、政策标准制定等宏观决策职能，部公路局具体承担公路建设规划建议、公路建设市场监管、协调重点工程建设等执行职能，逐步推进公路行政管理决策与执行分离。各地政府积极探索完善政府负总责、公路行业主管部门按行政区域分层管理、分级负责的管理模式，进一步细化明确公路行政管理职能，建立完善省级公路管理部门统筹协调职能，充分调动了地方政府、地方公路行政管理部门的积极性，形成了职责分工明确，责、权、利对等的公路发展机制，在促进公路交通新一轮大发展中发挥了积极作用。

（二）"多元化投资、一体化管理"是提升高速公路行业管理水平的重要保障

高速公路建养体制是公路管理体制的重要内容。从国家层面看，对国高网的建设，资本金由部负责拨付，建设委托各省负责，国高网的运行也委托各省负责，同时，为了加强国高网的运行协调和应急管理，部里专门成立了路网中心。从省级层面看，各省积极探索投资管养体制，形成了各具特色的成功模式，较典型的是湖北

省的"多元化投资、一体化管理"模式，该模式鼓励各种投资主体参与高速公路建设，形成多元投资格局，同时省级层面成立若干事业单位性质的高速公路管理处，专门负责经营管理国高网或受托管理其他业主建成的高速公路。在该模式下，高速公路实行统一的行业管理，解决了分散管理带来的行业资源零散、服务标准各异、应急力量分散等问题，保证了高速公路管理和服务的规范化、标准化，防止了路网功能在局部区域、单独路段的弱化，有利于提高整个高速公路行业的管理水平和公路使用者满意度。该模式在应对2008年特大雨雪冰冻灾害工作中发挥了积极作用，受到中央领导及交通运输部领导的充分肯定。

（三）统一高速公路行政执法职能是提升执法效能、强化安全水平的有力手段

这方面较为成功的是重庆市和福建省，重庆市将高速公路路政管理、运政管理、交通安全管理等职能统一由重庆市交通行政执法总队高速公路支队行使，福建省将高速公路路政管理和运政管理职能统一由福建省交通综合行政执法总队高速公路支队行使，为全国高速公路实施综合执法提供了成功的实践经验。实践表明：实施高速公路综合执法改革，由一个行政管理机构集中行使高速公路路政管理、运政管理及交通安全管理职能，实行垂直管理，公路行政管理效率极大提高，实现了公路保护和公路交通安全管理齐头并进的良好发展态势。

（四）按照"厅局"模式配置省级公路行政管理职能符合我国公路行政管理实际

我国多数省按照交通运输厅及厅管公路局和高管局模式。比如，湖北省在交通运输厅下面，将公路行政管理职能按普通公路和高速公路两条线进行配置，省公路局配置公路规划建议、计划安排、建设、养护、路政、财务、费收等管理职能，省高管局配置高速公路养护、路政、费收等管理职能，符合湖北省公路行政管理实际需要，有力促进了湖北省公路又好又快发展。实践表明：按照普通公路、高速公路分别配置公路行政管理职能，有利于提高开放性的普通公路和封闭式的高速公路专业化管理水平。

## 第二节 全省公路行业管理体制改革的历史进程

湖北省公路管理体制历经了多次改革探索和实践，与全国公路事业单位分类改革实践的历程同步，可以分为以下四个时期：

### 一、1992年党的十四大之前

1979年，湖北公路部门推出以"五定一奖赔"为核心的公路养护承包责任制。五定是定人员、定里程、定投资、定好路率、定材料；"一奖赔"是按部颁标准检查，超产节约者奖，欠产超支者赔。

1984年11月，湖北公路实行计划体制管理改革。公路养护和建设实行统一计划，分级管理。养路费收入和支出实行基数包干，定三年，增收分成，减少扣支。

1987年年底，湖北公路完善公路计划管理体制。全省养路费实行统一计划，收支挂钩，超收分成，减收扣支，结余留用，超支不补。全省公路养建计划进一步下放，初步形成了分层管理、分级决策的管理机制，1988年公路计划体制则开始逐步下放到地市州。

### 二、1992年党的十四大到2002年党的十六大

1991—1995年，"八五"期间，全面实行四级养护目标责任制，实施《全省养护和建设投入产出承包责任制》。1992年省公路交通实行"大包干"计划体制改革，其结果是导致人员的极度膨胀，尽管省编办、省交通厅、省公路局多次发文，地市州公路机构也采取强硬的经济手段，但仍未起到应有的控制作用，原因是人事权、编制管理权在各地。

1996—2000年，"九五"期间，坚持建养并重，围绕养护生产企业化、作业方式机械化、收入分配多样化、养护管理规范化四个目标，深入开展国省干线公路全面养护"优胜杯"竞赛等活动。

1997年12月，湖北公路开始新一轮公路行业改革。推动建设施工部分真正转化为法人企业，养护生产部分全面实行企业化管理，多种经营实体全部放开发展。

2001年是湖北公路局的行业改革年，全省投入21882.7万元，为16个地市州公路部门和省局直属5个单位的公路职工全员办理了养老统筹，参保人数为42733人。

### 三、2002年党的十六大至2007年党的十七大

2002年2月，省局确立了以政企分开，事企分开为突破口，以建立现代企业制度和富有活力的公路行业管理新机制为目标，全面推进施工企业改制，培育公路养护市场，促进养护生产社会化，公路其他附属生产单位彻底放开搞活，公路行业贯彻实施管理机关精简、统一、高效的行业改革思路。

针对当前公路管理体制上存在的弊端，为了适应行政事业单位改革的需要，公路管理体制改革已经引起了湖北省交通主管部门的高度重视，在全省公路管理体制改革全面推开，农村公路管理体制改革即将付诸实施的情况下，湖北省省管干线公路的改革也迫在眉睫，省管干线公路管理机构的组织结构和工作思路也正在进行积极调整。从2004年起，全省公路管理总段调整、精简了公路管理所、站生产布局，加大了管理所、机化站、料场等基础设施建设，申报了公路养护和公路修建资质，压缩了职工队伍，进行内部市场化运作。截至2005年，全省共有15个市州和91%的县市区完成"三定"。89%的施工企业与公路管理机构剥离，73%的养护单位与机关剥离，77%的公路科研监理单位与公路管理机构剥离。

虽然在2004年的公路体制机制改革中，事业单位全员转变身份，改革的确使人们转变思想观念，摒弃"等、靠、要"思想，促进了公路事业的较快发展，但也由于改革中对公路属性缺乏深入探讨研究，导致改革推进起来困难，改革阻力较大，导致改革半途而废或走回头路，少数县市公路段只有段长一个人是事业编制，改革很彻底，但也遗留了很多问题，如职工利益未能得到保障，导致上访事件的发生。当时的改革仅是行业内部的改革，没有政府层面支持和配套政策措施的保障，这使得改革难以取得实质性的成果。

## 四、2007 年党的十七大至今

2006—2010 年，"十一五"交通投资机制由"大包干"变为"资金跟着项目走、项目跟着规划走"，计划实行各级政府交通主管部门分级管理体制，列入全省交通发展规划建设项目，实施定额投资和以奖代补方式和政策，根据湖北公路"十一五"发展规划，湖北省公路局将在"十一五"期间完成对各地市省管干线公路管理机构"事企分开、管养分离"的改革。但人事管理、编制管理仍在地市州和县市各级控制管理，人员编制也未能有效控制，具体见附表1。

2007 年，全省开始着手开展改革试点工作，并且取得了一定的进展。

依据国务院 2009 年 1 月 1 日起实施的成品油税费改革，自 2009 年 4 月 30 日 24 时起，在全省范围内取消政府还贷二级公路收费。1988 年开始实施贷款修路政策以来，湖北省公路交通飞速发展，公路总里程由不到 5 万公里猛增至目前的 18 万公里，其中一、二级公路由 1000 多公里增至目前的 1.7 万公里，公路更是从无到有，达 2.7 万公里，取得了瞩目成绩，但普通公路筹融资平台丧失。

依据 2011 年 4 月中央公开发布的《中共中央国务院关于分类推进事业单位改革的指导意见》，2013 年 5 月，《湖北省委省政府关于分类推进事业单位改革的实施意见》也出台了，这为现阶段全省公路事业单位分类改革提供了政策指引，促使其进入一个新的发展阶段。

## 第三节　全省公路行业事业单位分类改革的必要性和紧迫性

当前是湖北省公路事业加快发展建设、着力转变发展方式、提升发展质量的重要时期，其面临着以下新的形势：一是全省公路发展的主要矛盾已经从过去公路基础设施总体供给能力不足转向服务能力与群众多元化出行需求不相适应的新矛盾；二是以高速公路为主骨架的全国统一公路网的形成，需要全省的公路管理从传统方式转向信息化、网络化管理，实现公路治理体系和治理能力的现代化；三是国家深化财税体制改革、转变政府职能等举措形成倒逼机制，急需对全省的公路建设体制、管理体制和养护体制进行改革；四是中央关于创新社会管理和生态文明建设等新要求，需要全省的公路管理不断转变发展方式，提升发展质量和水平。

在总结前期地方和行业事业单位改革经验的基础上，党中央、国务院作出了分类推进事业单位改革的决策部署，中央5号文件的发布，明确了改革的目标任务、工作步骤，而且制定了一整套的配套政策，具有完整性、配套性、创新性、指导性和可操作性，从而标志着事业单位分类改革进入了顶层设计、统筹规划、自上而下推进的新阶段。在单一制的我国，中央的这一决策部署为地方事业单位分类改革指明了方向，提供了依据，有助于凝聚改革共识，集中改革智慧，坚定改革信心。

国家分类推进事业单位改革指导文件的出台，以及公路网的快速成网和功能的日趋完善，也为湖北省公路事业单位的分类改革提供了难得的历史机遇：中央高度重视，人民群众对改革充满期待；政府主导，有配套政策的支持；有良好的物质基础，有财力支持；有浙江、广东等省分类改革成功经验的借鉴。

在新的发展阶段，消费结构升级，人口城镇化基本格局形成，服务业主导格局形成，社会对公益事业公共产品和服务的需求全面快速增长，公共产品及服务的短缺已成为现阶段的突出问题。而加大交通公共事业的供给和投入，形成新的体系和格局，则要求公路事业单位改变其改革目标和价值取向，在满足人民群众的需求上，打破现有的事业单位格局，去掉两头，行政划归行政，生产经营类转制为企业改制，只有公益事业单位继续保留事业单位序列，强化公益属性，推进政事分开、事企分开，配套改革，依据中央顶层设计的事业单位改革三大步骤来清理规范，并实行各项配套改革，让事业单位回归本位，改革体制，释放活力，更好地为人民服务，满足人民服务的需求。

虽然湖北省公路系统历经多次改革实践，探索出了许多成功的经验与做法，为推进事业单位的改革奠定了基础，公路事业单位提供的公益服务总量不断扩大，人民群众对公路公益服务要求越来越高，对经济社会发展和改善人民群众生产生活质量发挥了重要作用，但之前的改革重点一直侧重于减人、减机构，以甩包袱为目的，时紧时松，形成了精简、膨胀、再精简、再膨胀的怪圈，并且大多局限于行业内部的推行，没有政府层面支持和配套政策措施的保障，使改革难以取得实质性的成果。

从全省现有的管理体制和各级单位来看，仍不同程度地存在着模式不统一、事权主体责任模糊、职能定位不清晰、机构设置重复交叉、安全应急保障和指挥调度能力不强、公共服务水平不高以及政事、政企、事企不分、机制不活等问题。主要表现在："条块结合，以块为主"，机构设置不统一，国省干线公路与农村公路管理职能没有区分；人员膨胀，队伍庞大、养事与养人矛盾突出，效率低下，缺乏活力和竞争机制；公路省、市、县等分级管理的责任体现不充分，公路公益属性发挥不够，公益服务供给总量不足，支持公益服务的政策措施还不够完善，监督管理薄弱；供给方式单一，资源配置不合理，质量和效率不高；公路管理体制不顺，已经不适应公路网络化运行、跨区域运行监测与协调和应急处置工作的需要；在成品油价格和税费改革完成后，随着事业单位分类改革和财税体制改革的深入推进，财权与事权不匹配等问题日益凸显。

面对新形势新要求，上述问题影响了全省公路事业的健康发展，迫切需要在全省公路行业内分类推进事业单位改革来加以解决，此次改革有别于之前的事业单位改革，不再单纯以减人减事甩包袱为目的，而是明确了事业单位作为社会公益服务载体的职能属性和定位，提出把促进公益事业发展作为事业单位改革的目的。

因此，推进全省公路事业单位的分类改革是适应我国行政管理体制改革和经济体制改革以及发展公益事业的迫切需要，落实中央、省委省政府分类推进事业单位改革的必然要求，构建全省综合运输体系，加快发展现代交通运输业的重要举措，是提高全省公路建管养及公共服务水平，推进公路管理职能转变的有效途径。在基础工作基本完备的情况下，如何从全省公路事业单位格局的复杂性出发，在事业单位分类改革顶层设计基础上探索出适合全省公路管理实际的分类改革模式和途径，并科学合理地推行，有利于促进全省公路事业全面改革发展，解决公路事业发展中存在的诸多问题和矛盾，对于提高公路建、管、养水平，充分发挥公路公益性属性，提高公路的公共服务水平和效率，构建综合交通运输体系，全面推进省委"建成支点、走在前列"和省厅"打牢发展大底盘、建设祖国立交桥"发展战略具有重要的现实意义，这也是顺应形势发展要求、增强治理合法性的必然要求和重要举措，是落实科学发展观、建立公共服务型政府、提升公路事业单位自身活力和生存发展能力的必然要求。

# 第三章 湖北省公路行业事业单位分类改革的困境分析

## 第一节 全省公路概况

1989年年底，全省列养公路23783公里，1998年年底达到28202.75公里。随着国民经济不断发展和人民日益增长的出行需求，全省公路里程不断增长，到2005年年底，全省列养里程32369.219公里。截至2012年年底，全省公路养护里程总计217085.004公里，其中：列养里程34746.159公里，养外公路里程182338.845公里（县乡道67153.645公里，村道11420.147公里），具体数据见附表2。

截至2013年年底，全省公路总里程为226912公里，公路密度为122.07公里/百平方公里。其中国道6725公里、省道11568公里、县道20166公里、乡道63811公里、专用公路793公里、村道123849公里。全省等级公路为212893公里，等级公路比重为93.82%%。其中高速公路4333公里、一级公路2789公里、二级公路17576公里、三四级公路188195公里。全省行政村通沥青水泥路比例达到98.67%。全省基本形成"干支配套、网状连接、深度通达、功能较全"的公路网络，在促进湖北社会经济发展中起到了先行作用，为人民群众安全、便捷出行提供了便利公路交通条件。

"十二五"期间是湖北省公路交通发展的战略机遇期。全省公路系统坚决贯彻落实交通运输部、省委省政府、省交通运输厅提出的"打牢发展大底盘、建设祖国立交桥"新战略,科学编制"十二五"公路发展规划为:努力实现"四个翻番",即全省普通国省道规划总里程较"十一五"翻一番,由14000公里增长到28000公里;一级公路里程较"十一五"翻一番,由2210公里增长到5000公里以上;二级公路建设规划里程较"十一五"翻一番,由2817公里增长为6000公里以上;普通公路固定资产投资较"十一五"翻一番,由348亿元增长为852亿元。努力实现"五个通达",即努力实现所有县市通国道;所有县市通一级以上公路;建制乡镇基本通国省道;建制乡镇基本通二级以上公路;所有行政村通沥青水泥路。努力实现"六个提高",即公路建设项目标准化程度明显提高;公路养护水平和质量寿命周期明显提高;公路机械化装备现代化程度明显提高;公路行政许可、路政管理规范化、法治化程度明显提高;公路安全应急保障能力明显提高;公路职工队伍素质及综合服务水平明显提高。

## 第二节　全省公路行业事业单位概况

### 一、机构设置情况

(一)机构分级设置情况

1. 省级层面

目前,湖北省交通运输主管部门按照"一厅二局"的模式来设置:

一厅(省级公路行政主管部门):

湖北省交通运输厅。内设办公室、政策研究室、政策法规处、综合交通处、计划处(交通战备办公室)、建设管理处、财务处(审计办公室)、运输处、安全监督处(应急办公室)、人事劳动处、科技教育处、农村公路管理处、纪检监察机构、交通工会、离退休干部处等15个处室。

二局(省级公路管理机构):

湖北省交通运输厅公路管理局,为副厅级参照公务员法管理的事业单位。内设局办公室、党委办公室、综合计划处、政策法规处、人事劳动处、财务审计处、建设管理处、养护管理处、路政管理处、费收管理处、安全监督处(应急办公室)等11个处室。

湖北省交通运输厅高速公路管理局(湖北省交通运输厅高速公路路政执法总队,一门两牌),内设办公室、费收财务处、路政法规处、综合计划处、建设管理处等5个处室。

2. 市(州)、县(市、区)级层面

随着全省行政区划的变化,结合全省公路建设管理的发展实际,全省市州公路管理局(处)已由20世纪80年代的13个增加为17个,县(市、区)公路管理局(段)由1998年的79个增加为95个,且均为独立法人事业单位。

市州层面:17个市(州)公路管理机构中,5个正处级机构,8个副处级机构,4个正科级机构。1个参照公务员管理事业单位,16个事业单位。2个机构名称为公路管理处,15个为公路管理局。

县市区层面:95个县(市、区)公路管理机构中,5个副处级机构,31个正科级机构,59个副科级机构,均为事业单位。除少数机构名称仍为公路段以外,其他县(市、区)公路管理部门已更名为公路管理局。

(二)附属单位情况

全省各级公路管理机构附属单位设有路政大队(支队)、治超检测站、公路养护管理站(应急中心)、路桥公司、工程建设公司、监理咨询公司、材料供应公司、后勤服务中心、勘察设计公司等附属单位;仅少数公路管理机构设有直属分局、收费站和渡口等。其中:

从事公益服务的附属单位:17个市州设有养护工区(站、道班)1204个;超限站106个;2个市州设有6个政府还贷一级公路收费站;5个市州公路局设立的专业性公路渡口14个。

从事经营活动的附属单位:全省14个市州设有各类工程施工企业,其中:7个市州共设有油池供应公司,6个市州设有科研设计单位6个,2个市州设有物资供应公司(以上公司单位每个市州各1个)。

## 二、编制及实有人员情况

### (一)编制情况

省级编制部门核定情况：1989年省编委联合多部门下发的鄂编〔1989〕015号文参照交通部1979年定员标准，核定全省公路系统管理及服务人员编制控制数为3957人(不含养护人员及其他人员)，截至2005年，全省公路"十一五"发展规划测算机关管理与路政经费支出人数为4991人；截至2010年，全省公路发展"十二五"规划机关管理和路政经费支出人数为6230人；参照交通运输部2010年劳动定员标准，测算全省公路实际所需编制数约为8500人(详见图3-1)。

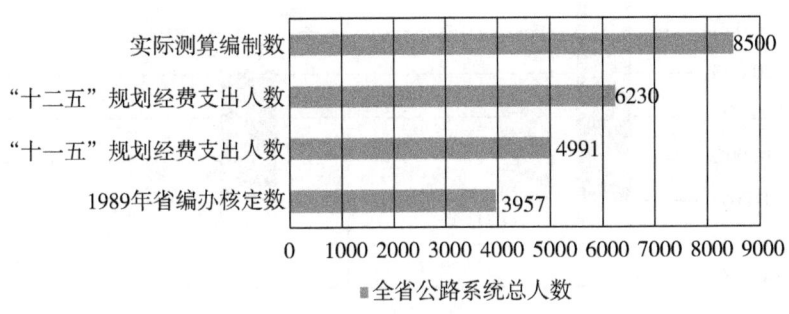

图 3-1　全省公路系统编制核定情况对比图

地方编制部门核定情况：进入新时期，尤其是"十一五"以后，随着公路管理体制机制的改革，人员和机构实行属地管理，原来实行的省级机构管理部门统一管理的格局发生了改变，全省各市州管理部门根据省编制管理部门统一规定与要求，结合各市州的实际情况对所辖公路部门事业编制进行核定。经了解，全省17个市(州)、95个县(市、区)中，共14个市(州)、79个县(市、区)地方编制部门根据不同口径核定了本地公路管理机构的编制，共核定编制21174人(包含公路养护人员)，其余3个市(州)和16个县(市、区)公路管理机构编制还未核定。

省级行业部门核定情况：路政人员核编1660人(鄂路〔2008〕87号)；编制"十二五"规划时，按列养里程核定全省机关管理人员基本支出测算数为4570人；超限站人员定员2990人(鄂交人劳〔2011〕522号)。

(二)实有从业人员情况

截至2012年年底,全省公路列养里程比1989年增加了46.09%,比1998年增长了23.2%,比2005年增长了7%。同时,截至2012年年底,全省公路系统现有公路职工52018人,其中:在职35328人,离退休16690人。在职人员总数与1988年相比增长31.34%,与1998年相比仅增长3.38%,与2005年相比减少了7.7%,具体数据见附表3。

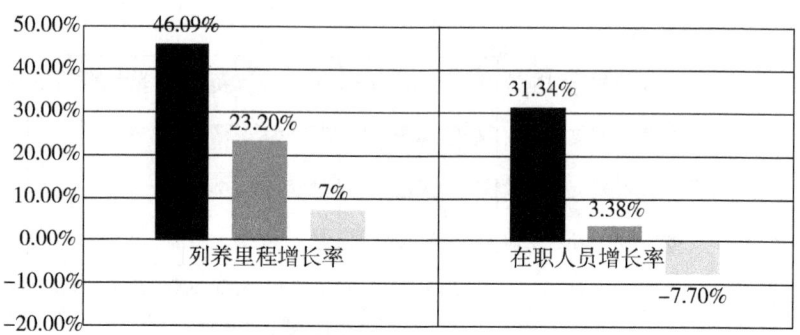

图3-2 全省公路列养里程与在职人员增长率对比图

由图3-2可见,一方面,随着公路列养里程的增加,全省公路系统在职人员数量却相应在减少,这说明大包干时期人员数量膨胀较快、超编严重的问题得到有效控制,公路系统人员总数控制正逐步趋于合理,但另一方面也反映出公路系统职工待遇低、进人难的实际情况,人员老龄化、负增长,离退休支出压力大等问题十分突出,各地区公路管理机构人才断档、青黄不接的情况亟待解决。

### 三、人员构成类别

当前,全省公路事业单位现有在职人员35328人,主要分为以下三类(图3-3):

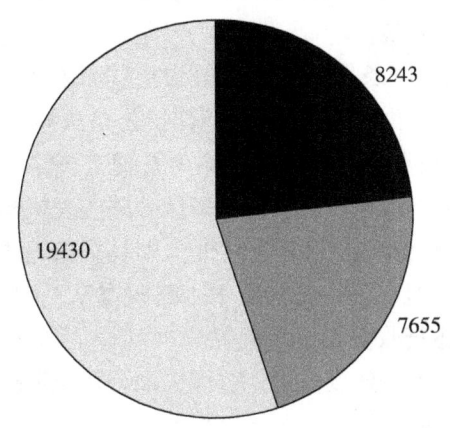

图 3-3　全省公路系统人员类别构成图

（一）行政管理类

全省承担行政管理职能的工作人员共 8242 人，占总人数的 23.33%，为省、市、县三级公路机构机关人员及路政管理人员，其中机关人员有 6010 人，路政人员有 2232 人，仅占总人数的 17% 和 6.33%，机关人员管理列养里程为 5.78 公里/人，路政人员管理里程为 15.57 公里/人，远超过部颁标准。

（二）生产经营类

全省从事生产经营活动的工作人员共 7656 人，占总人数的 21.67%，其中工程施工有 5894 人，油池、物资及服务有 426 人，科研设计有 260 人，机械和采石有 171 人，其他人员有 905 人。

（三）公益服务类

全省从事公益服务的工作人员共 19430 人，占总人数的 55%，其中日常养护 12401 人，大中修 2917 人，超限站人员 3744 人，收费人员 305 人，机渡人员 63 人。

## 四、职能配置情况

湖北省公路行政管理实行"一厅二局"，即省交通运输厅下设公路局和高管局,该模式运行以来成效显著,有力促进了普通公路和高速公路科学发展。

普通公路实行"条块结合,以块为主"行政管理体制,项目计划、资金计划安排由省交通运输厅依据《公路法》《公路安全保护条例》等法律法规规章文件实行统一集中管理,公路建设、养护、路政、应急、收费等管理以块为主,省级公路管理机构负责行业指导与检查督办,市(州)县公路管理机构则具体管理与实施,人事、编制实行属地管理。在直属单位中,路政支队(大队)履行行政管理职能;政府还贷收费站、治超站、养护中心等承担公益服务职能;路桥公司、工程建设公司、监理咨询公司及道路油供应站等承担生产经营职能。

高速公路则由省高速公路管理机构代表省交通运输厅统一行使行业管理职能(具体见表3-1)。公路规划、政策、标准制定职能由省交通运输厅统一行使。建设及管理职能,政府投资的高速公路,根据省政府2011年8月会议纪要,由国资委下属的交通投资公司负责建设,建成后由交通运输部门管理;社会资本投资的高速公路,由其自主负责。费收职能,政府投资的高速公路,由国资委下属交通投资公司委托交通运输部门行使;社会资本投资的高速公路,由省交通运输厅统筹协调,由社会投资主体委托交通运输部门管理。路政职能,由省高速公路管理机构向全省高速公路统一派驻路政管理机构行使。

表 3-1　　　湖北省高速公路行政管理职能配置情况表

| 主要职能 \ 投资主体 | 政府投资 | 社会投资 |
| --- | --- | --- |
| 规划 | 省交通运输厅 | 省交通运输厅 |
| 政策、标准、规范制定 | 省交通运输厅 | 省交通运输厅 |
| 建设 | 省交通投资公司 | 社会投资主体 |
| 养护 | 省交通投资公司 | 社会投资主体 |
| 费收 | 省交通运输部门 | 委托省交通运输部门负责 |

续表

| 主要职能 \ 投资主体 | 政府投资 | 社会投资 |
|---|---|---|
| 路政 | 省高速公路管理机构统一派驻管理 | 省高速公路管理机构统一派驻管理 |
| 资产 | 省交通投资公司 | 社会投资主体 |
| 人事 | 省交通运输厅 | 收费管理中层干部由省交通运输部门管理，其他人员由经营管理单位管理 |

## 五、管理体制和运行机制情况

全省普通公路实行"条块结合，以块为主"行政管理体制：项目计划、资金计划安排由省交通运输厅实行统一集中管理，公路建设、养护、路政、费收等管理以块为主，省级公路管理机构负责行业指导与检查督办，市（州）、县（市、区）公路管理机构具体管理与实施，人事、编制实行属地管理。

省级公路管理机构明确为省级财政全额预算拨付单位。省级以下各级公路管理机构基本支出定额包干，由省财政转移支付，省直达市、县；养护、建设等专项经费部分由省级交通部门提出计划和资金预算，会同财政部门审查通过后由省财政转移支付，公路建设、养护项目资金由省直达县。但由于各地编制部门对资金渠道的理解和认定不同，省级以下各级公路事业单位均按照自收自支事业单位进行管理。

## 第三节　全省公路行业事业单位分类改革存在的问题和原因

本研究以第一章中分析的公路行业管理体制的五大构成要素为依据，从机构设置、职能配置、人员配备与管理、运行机制及配套政策等五个方面来分析全省公路事业单位分类改革所面临的问题。

## 一、机构设置不合理、性质定位不科学

湖北省公路事业单位系统相对比较复杂，各地、各市州乃至各县市区的公路情况千差万别，复杂多样，运行机制不一样。部分市州公路编制达500~600人，人员身份都是事业身份。部分市州直属单位多(路政支队、公路设计院、路桥公司、监理公司、养护公司、道路油供应站、物业公司、公路质量监督站一应俱全)。县市区公路部门则更是复杂，个别县公路部门超编严重，列养里程不多，可人员达500人以上，历史欠债较多，机构庞大，人浮于事的弊病严重，具体表现在以下几个方面：

(一)直线职能制中的多头领导问题

湖北省交通管理部门与公路管理机构采用直线职能模式，全省市州公路管理局(处)和县(市、区)公路管理局隶属于同级交通管理部门，同时接受本级交通部门，即市交通局及上级公路管理机构的领导，如襄阳市公路局和黄冈市公路管理局便是分别隶属于襄阳市交通局、黄冈市交通局和湖北省公路管理局的双重领导。这种机构设置模式使得市州公路管理局(处)和县(市、区)公路管理局在具体的工作开展中易受到多部门的领导，垂直式的领导虽然保证了公路工作开展的统一性，但是多头领导使得各下级公路管理机构在具体工作的开展中难以摆脱政出多门的问题。

(二)机构名称不统一，规格设置差异大

机构名称繁多，如湖北省交通厅公路管理局、省交通厅高速公路管理局、省高等级公路管理局、省公路管理局路政总队等，经过整合更名后，全省公路管理机构的名称相对统一，但仍然存在少数不一致的情况；在市(州)公路管理机构中，有公路管理处和公路管理局之分；在县市区公路管理机构中，有公路管理段、公路管理局之分；在附属单位中，有公路养护管理站及公路养护应急中心之分等。虽然不同的机构名称呈现出机构自身的特点，但却容易产生主体地位模糊不清的问题，不利于管理。

此外，全省各级公路管理机构的行政级别定位和规格设置差异也较大。省级层面的省交通运输厅公路管理局为副厅级参照公务员

法管理的事业单位；17个市(州)公路管理机构中，5个正处级机构，8个副处级机构，4个正科级机构。1个参照公务员管理事业单位，16个事业单位；95个县(市、区)公路管理机构中，5个副处级机构，31个正科级机构，59个副科级机构。

(三)机构分设严重，存在诸多职能重复交叉设置

机构设置重复的主要问题体现在省级公路管理局之外，又设置了一个平级机构——高速公路管理局，虽然这种设置模式是依据全省高速公路运营管理方面的特殊性而确定的，符合当前全省公路管理实际，并且为管理职能的细分和专业化带来了一定的收益，但是由于高速公路管理局所承担的绝大部分职能可以直接划拨给公路管理局，两家机构的平衡存在使得双方的职责出现了一定的重叠，对于公路管理效能的提升具有一定的负面影响作用。

此外，市级公路管理部门的分设比较合理，但县级则分设较为严重。全省共有12个省辖市、1个自治州、38个市辖区、24个县级市(其中3个直管市)、38个县、2个自治县、1个林区，而市级公路管理局有17个，县(市、区)公路管理机构有95个。

除了组织机构分设情况严重外，职能交叉设置情况也多有存在。如在黄冈市，设有黄冈市公路局和黄冈市公路管理局直属公路路政支队，这两个机构都有对黄冈市公路进行路政管理的职能，从而形成了职能的重复和交叉，这种现象在其他县(市、区)也较为突出。

(四)县(市、区)机构撤并调整频繁、随意

湖北省的省市级公路管理机构相对比较稳定，而县(市、区)公路管理机构在撤并及调整方面则相对随意，随着全省公路建设的不断推进，各个公路管理机构的调整力度很大，很多时候一些机构撤并以后，由其负责的职能就没有相关部门再进行受理。尤其是近年来，为了响应国家行政管理体制改革的号召，应上级主管部门的要求，全省在公路管理方面开始了一些探索，在探索中，下属一些公路管理部门被撤销，一些被整合，一些被新设立，组织机构的不断变化使得全省的县(市、区)公路管理机构出现了更迭频繁的问题。

各级管理机构在名称、规格设置、职能部门设置等方面存在不

统一、不规范的现象，使其主体地位和管理内容模糊不清，公路管理职能难以很好地发挥，给公路管理活动带来了诸多不利影响。可以说机构设置的不合理是湖北公路管理体制目前不能适应公路发展新形势的一个根源所在，机构设置中的多头领导、职能交叉以及撤并随意等问题成为了湖北省公路事业单位分类改革中必须要加以重点关注的问题。

## 二、职能配置不合理、事务权限不匹配

计划经济形成的传统公路建设和行政管理职能配置在过去对提高湖北省公路服务水平，促进公路事业发展起到了一定的积极作用，但却并不适应当前"大部制"和分类改革的新形势，其在公路行政管理实际需要、路网功能整体发挥等方面还存在着不相适应的问题，严重阻碍着湖北省公路事业单位的持续健康发展。各管理机构在公路的建设、管理、养护和征费各方面不同程度地存在着职能划分不清的问题，导致了各个部门互相扯皮、相互推诿责任等问题，具体表现在：

（一）职能重心错位

虽然随着成品油价格与税费改革的实施，全省公路管理机构的养路费征收职能已被取消，但在实际工作中，各级单位仍存在着以下"重收费，轻监管"、"重处罚，轻服务"的现象：

（1）公路管理机构仍将车辆通行费、罚款、路产补偿费收取等作为工作重点；

（2）极为重视对超限运输车辆的处罚，却在超限运输准入标准制定方面不够严谨；

据调查发现，基层公路管理机构从事治超工作的人员占有相当比例。为治理超限运输车辆投入了大量人力、物力、财力，用以打击超限运输行为，对超限运输的准入条件把关却不严，其目的或动机在一定程度上与收取罚款费用不无关系。

（3）由于公路管理机构将通行费、路产补偿费、罚款作为职能重点，造成了应当管好的工作没有管好，在许多管理环节上轻描淡写、敷衍塞责、迟滞，影响了许多重要工作的推进。如公路安全监

管、应急管理工作、公路绿化设施建设、公路清障、农村道路养护工作等。

(二)职能方式偏传统

公路管理职能方式,即公路管理方式,是指为实现公路管理职能而采取的各种手段、方法,即如何实现职能的途径。公路管理方式多种多样,有法律手段、行政手段和经济手段;直接管理和间接管理;内部管理与外部管理;事前管理、现场管理、事后管理;静态管理和动态管理等多种方式。

目前,湖北省公路管理机构为确保通行费、路产补偿费、罚款的收取工作顺利进行,主要侧重于采用如罚款、扣车、卸货等传统的行政手段;有时管理人员认为卸货转运成本较大,就会基于经济利益的考虑,采取"计重收费"的经济手段完成治超工作;相关法律规定不完善,导致法律手段使用较少,而行政手段偏多,公路管理的合法性、合理性经常受到质疑,这与公路管理机构存在政企不分(例如某些高速公路路政大队与高速公路集团有着扯不断、理还乱的现象)、政事不分的现象有着密切的因果关系。

总的来说,目前湖北省各级公路管理机构的管理方式仍是以行政命令、行政强制、行政处罚等传统行政管理方式为主。这种落后的行政手段很容易激发管理人员与行政相对人的矛盾,对公路管理职能的实现会产生消极作用,进而影响公路管理的效率效果。

(三)职责划分不清晰

不同的部门之间职责不清、关系不顺是湖北省公路管理体制中存在的又一突出问题,众多管理部门之间在职责定位方面不清楚,存在职能交叉,职能错位、缺位的问题,对于有利可图的事情,各个机构之间相互争夺,对于事故责任则是相互推诿扯皮,直接导致整个公路管理效能的不断走低,各个机构之间在职能配置方面差异性较大,难以形成合力。举例而言,目前湖北省交通运输厅下面还设置了运管处、安监处等部门,这些部门虽然管理任务各有侧重,但是同时也存在职能交叉的问题,各个部门之间的关系不顺,很多时候难以有效协调各个部门之间的工作。

城市行政区划的改变影响本地公路事业单位的职能行使,部分市(州)(如武汉、黄石、孝感、襄阳等)公路管理局直属分局机构不健全，部门管理事权无法明确或产生交叉，不利于发挥县(市、区)政府的宏观管理作用，急需明确管理机构和层级关系，以便于今后的管理。

目前湖北省公路管理机构就是按照公路法规定进行不同公路管理层次的职权分配，法律虽然规定县级以上交通主管部门主管本行政区域内的公路工作，但是辖区内的国道、省道却不归县级公路管理机构管辖，至于建设、养护等职责，是由本行政区域内哪一级交通主管部门的职责或以哪一级交通主管部门为主开展工作，公路法中并未明确规定，省交通运输主管部门负责国道以及省道的建设以及维护，但是任何公路的建设、管理和养护，也离不开地方的配合和支持，各县(市、区)公路管理部门没有人、财、物的支配权限，由此导致该县(市、区)根本拿不到足够的资金投入到本地区公路建设、养护和管理上。有的还把省公路局按期拨付给各公路养护总段的养护资金滞留在其账户，不予及时转拨，有的甚至临时挪作他用，最要紧的是关系不顺畅，管理不到位。

(四)职能配置不统一

1. 交通部门与发改部门公路规划职能交叉

省道及县道规划职能由省级交通运输主管部门负责，发改委部门指导、衔接平衡各主要行业的行业规划，由于公路规划周期长，部门间协调难度大，不同意见难以统一，公路规划的决定权基本由发改委部门掌握，很大程度上影响了区域公路交通科学规划。

2. 交通部门与公安部门在公路交通安全管理方面职能交叉

目前交通部门和公安部门均负有管理公路安全的职能。代表交通部门履行公路安全管理职能的是公路管理机构，具体履行形式是公路路政执法，具体执行人员是路政执法队伍；代表公安部门履行公路安全管理职能的是公安机关交通安全管理机构，具体履行形式是交通安全执法，具体执行人员是公路交通警察。公路管理机构与公安机关交通安全管理机构在公路安全管理方面的职能交叉，形成一条公路两个执法队伍，极易造成各自为政和执法利益部门化，引起执法冲突，大大降低了管理效能，不符合"相关职能由一个部门管理"的行政管理体制改革思路。关系公路交通安全管理成效的客货运输、公路养护、标志标线等关联职能在交通部门，公安机关交通安全管理机构无法控制交通事故发生的客货运输量装配、道路通行质量、安全防护设施设置等源头，日益增长的交通事故率和频繁发生的重特大交通事故，如河南高速客车爆炸事故、湖北随岳高速"7·4"事故等，就充分说明了由于职能不统一造成的交通安全管理存在较大难度。

3. 交通部门与国土等部门在公路建筑控制区管理职能交叉

按照法律规定，规划和新建村镇、开发区，应当与公路保持规定的距离，公路部门有管理公路两侧建筑控制区的权限。由于公路管理部门没有公路建筑控制内土地规划相关职能，各级地方政府对公路建筑控制区内的土地进行统一规划时并不征求公路管理部门意见，大量经土地管理部门批准的厂房建设在公路建筑控制区，给公路安全带来了隐患，也不符合《公路法》的相关规定。公路管理部门在调查处理建筑控制区内建筑物时，建设方持有地方相关部门的批准文件，公路管理部门依据《公路法》进行调查处理的难度相当大，影响了公路行政管理职能的正常行使。

4. 交通部门与林业部门在公路绿化管理职能交叉

根据法律明确规定，砍伐公路两边的护路林和公路用地上的树木，应当经交通主管部门同意，并报林业部门审批后才能实施。公路绿化管理同时由交通部门和林业部门共同管理，既造成职能交叉，也给当事人办理树木更新砍伐带来麻烦，降低了行政管理效率。交通部门与外部门职能交叉情况如表3-2所示。

表3-2　　　　　　　　交通部门与外部门职能交叉情况表

| 部门<br>职能 | 发改委 | 公安部门 | 国土部门 | 林业部门 | 水利部门 | 交通部门 |
| --- | --- | --- | --- | --- | --- | --- |
| 省道及县道规划 | 指导、衔接平衡行业规划 | | | | | 负责规划 |

续表

| 部门＼职能 | 发改委 | 公安部门 | 国土部门 | 林业部门 | 水利部门 | 交通部门 |
|---|---|---|---|---|---|---|
| 公路安全管理 | | 负责交通安全管理 | | | | 负责公路安全生产管理 |
| 公路建筑控制区管理 | | | 负责土地规划 | | | 负责公路建筑控制区管理 |
| 公路绿化管理 | | | | 负责树木更新砍伐审批 | | 公路树木更新砍伐应经交通部门同意 |
| 公路桥梁河道管理 | | | | | 由水利部门会同交通部门批准 | 事先报交通部门，会同水利部门批准 |

**5. 交通部门与水利部门在公路、桥梁、河道管理职能交叉**

根据法律法规的规定，修筑堤坝、压缩或者拓宽河床、采砂等是水利部门管理职能，但在大中型公路桥梁周围两百米内因抢险、防汛需要修筑堤坝、压缩或者拓宽河床的，应当事先报经省、自治区、直辖市人民政府交通主管部门会同水行政主管部门批准。交通部门与水利部门在公路桥梁河道管理存在职能交叉，不利于公路桥梁安全的统一管理，影响公路桥梁安全。

**(五)职能配置不到位**

**1. 城市主干道规划建设职能缺失**

上一轮机构改革将建设部指导城乡客运及有关设施规划和管理的职能划入交通运输部，但城市道路的规划及站场建设仍由城建部门负责，不利于公路与其他交通运输方式的统筹协调规划、建设及运行对接。城建规划部门行使了城市公路交通的规划设计职能，却无需承担任何实施效果责任,如乘车难、行车难、停车难;交通部门缺乏城市道路规划职能,却承担了应由城建规划部门承担的责任,交通部门的职能与责任不对等。由于受职能配置及体制机制影响,公路与城市道路泾渭分明、人为割裂,城市道路行政管理职能由城建部门行使,脱离于公路体系之外,公路与城市道路的分头规划、分散管理,分别建设,建设标准不统一,不利于城乡公路的协调发展,"公路不能进城"成为影响综合交通运输体系建设的难点问题。随着城镇化建设不断推进,城市区域面积不断向外扩展,原有公路融入城市转变为城市道路,公路的行政管理职能如何履行,已成为现阶段应着手研究解决的新问题。随着城市人口的急剧膨胀和用地规模的快速扩张,城市的覆盖范围不断扩大,单一的公路功能难以适应城市交通多样化的出行需求。城市道路容量严重不足、路网密度较低、立体交通建设落后、站场建设和管理滞后等问题造成城市交通拥堵。这些问题的解决必须从根本上在整个公路交通大格局中解决,必须从规划、建设与管理着手,必须采取增加交通供给与引导交通需求并举的方针,做到标本兼治。城市道路是公路体系内具有特定功能的公路形式,城市道路是公路网的有机组成部分,理应由公路管理机构统一规划并指导建设,统一管理。城市道路管理纳入公路体系中,有助于交通运输部门根据城市的扩张形态、方向和动态确定公路与城市道路的融合长度,提高融合的执行效率,统一融合标准;有利于在城市区域化、区域城市化的快速进程中,提高公路功能的预见性、适应性和调整性。

2. 汽车技术标准制定职能缺失

随着经济的发展,货物运输量日益繁忙,各类超限运输车辆也呈逐年攀升趋势,对公路质量造成严重损害,公路车辙、推移、坑槽等病害既带来公路安全隐患,也造成公路养护经费日益增加。公路超限运输治理关键在源头控制,而汽车技术标准制定则是源头中的源头。合理制定货运汽车载重标准,确保货运汽车整车足额载重量符合公路技术荷载标准,将对超限运输治理起到积极有效的源头控制作用。当前,汽车行业的管理权掌握在工信部手中,工信部制定汽车技术标准时有无须征求交通运输部门意见的义务,交通运输部门也无法参与汽车技术标准的制定，造成汽车技术标准与公路及桥梁实际承载能力不匹配，货运汽车足额装载量远远超过超限运输标准，远远超过公路及桥梁承载能力，超限运输车辆压垮桥梁的事件时有发生，给国家和人民生命财产带来巨大损失。

(六) 职能配置不协调

职能配置不协调主要体现在职能的配置和划分不符合决策与执行相分离的原则：

1. 建管分离，筹资和还贷主体不一

目前，湖北省许多干线公路是通过地方政府成立指挥部的形式建成的，公路建成后，便将贷款债务和收费权一并移交给公路部门。建设方对资金使用效益未作考虑，而管理方只是被动承接债务，在公路建设中并不能对建设方作任何监管。这样一来，有些收费站按审批期限早已到期，因为无法归还贷款，不得不延期收费，导致大量社会矛盾集中在公路部门。

2. 多家管路，利益和责任分配不一

当前湖北省公路管理体制大体可以分成四块，即高速公路、国省干线公路、县乡农村公路及私人投资的公路。在几家同时管路的情况下，不可避免地出现了机构重叠、权限交叉、多头执法、利益相争的现象。尤其投资公路的民营企业，对有经济效益的公路竞相争取投资权并收取高额回报，而大量只有社会效益的公路修建债务则留给了国有公路管理机构。国、省干线与农村公路管理职责不清，公路行业国、省干线管理主体职能与地方政府农村公路管理主体责任发生混淆；农村公路缺乏专职管理机构、专项建养资金、专业管理人员。

3. 管养不分，行政和企业职责不一

由于历史的原因，湖北省各级公路管理机构既有公路的建设、养护、路政、征费管理的行政职能，又有本应由市场来完成的具体建设、养护等企业事务，在公路管理机构内部存在着路政执法、养护作业、应急管理等行政工作各自为政的情况，以致管养不分、政企合一，行政职能得不到优化，企业责任也难以明晰，造成了养人与养路抢经费，经济效益至上，社会效益淡化的突出矛盾。例如对超限运输的治理,本应该对超载车卸载处理,为了收费养人便对超载车只收费不卸载,从而使超限治理这一行政行为变成了"以收代管"的收费行为。

此外,省级交通运输主管部门一方面缺乏公路国有资产管理、公路网监测、公路绿化、农村公路养护管理等职能,职能配置不完善,相应造成国有资产管理失控、路网应急指挥调度不畅、公路环境保护不力、城乡公路一体化管理不顺等不良影响,不利于区域公路交通的统筹管理和发展,增加了管理难度,阻碍了公路行政管理工作正常开展;另一方面又将很多公路管理部门的工作揽于自身,如公路交通的年度规划、论证、在制定各项法律规范的同时,还要完成执法监督等工作,这增加了其自身所承担的工作量,同时也令其下属的公路管理机构地位尴尬,不能有效地开展工作,造成了机构臃肿,人浮于事的问题,对于全省公路事业的健康发展产生了极大的负面影响。

4. 征养不分,收入和养护协调不一

目前湖北省的公路养护机构,既有代表政府管理公路的行政职能,又承担着公路的设计、施工、监理、养护等生产任务,政事企合一。这种体制,生产按计划安排,经费按人头划拨,大锅饭现象依然存在。资金是制约全省公路健康持续发展的瓶颈,目前各级公路资金来源相对单一,随着养路费标准下调,养路费收入与养路资金需求存在严重矛盾。现行的养护体制在公路的建设、养护、管理等方面,都发挥了十分重要的作用。但随着改革开放的不断深入,养护资金严重不足以及由于养护员补助津贴较少、人员变动频繁而导致的队伍相对不稳定使得传统的养护体制的种种弊端逐步暴露了出来。

以上这些问题的解决,要求全省公路管理部门积极变革和创新管理方式,尽快跟上政府职能转变的步伐,进而推动新职能的实现。

## 三、企业改革难度大、政企事三者合一

长期以来,公路管理机构由于事企不分,公路管理机构往往直

接控制下属国有公路企业，这种政资机构不分、政资职能相互掣肘的结果，一是导致了事企不分，事企关系不顺，产权关系不明，过多地干预公路企业经营自主权，使公路企业难以成为独立的市场主体。目前，湖北省不少公路养护企业依然为公路管理部门附属的经济机构，公司的董事长、总经理和主要部门负责人由政府任命或政府官员兼任。企业自身缺乏足够的自主权，其经营活动并不是完全从投资效益出发，而是较多地考虑行政因素的影响，经营目标多元。二是国有公路资产出资人不明确，出资人代表的职责没有落到实处，管资产与管人、管事相脱节。由于出资人代表缺位、出资人职责分散履行，影响了国有公路资产出资人的到位和出资人职责的履行，影响了对国有资产的有效监管和保值增值责任的落实。最终结果，导致国有公路资产运营效率低下，国有资产流失等问题。

政企事三者合一所产生的弊端在养护企业中表现得尤为突出。在传统的计划经济时代，公路养护管理部门既是公路管理者，又是养护生产者，也是养护质量的监督者，它集建、养、管、征为一体，也就是集公路建设、养护、管理、收费、产业开发、后勤服务于一体，既不像事业单位，又不是完全意义上的企业单位，其生产按计划财政划拨的养路费安排，养路经费按在编人员拨付。既有履行事业单位的职能，又有履行生产经营的企业职能，公路管理部门则既行使部分政府管理职能，又承担公路养护具体作业，同时还负责对养护工作进行监督和检查。这种政事企三者合一的公路管理体制缺乏活力和创新，不符合市场运行规则，随着市场经济的深化，其管理模式、组织模式和用工模式已经呈现出与形势发展不相适应的矛盾，生产与管理责任不清，给日常管理工作造成了很大困难，致使监督失去了严肃有效性，造成公路养护投入高、产出低、养护质量差、路况不稳定、生产与管理责任不清，一旦发生质量问题，责任很难追究。

政企事三者合一的状况与目前的市场经济体制极不协调，与国家对事业单位的改革要求相背离。随着湖北省经济体制改革的逐步深入和公路交通事业的迅速发展，它的弊端日益凸显，并逐步成为制约湖北省公路养护管理单位参与市场竞争的主要因素。

党的十七大报告指出："加快推进政企分开、政资分开、政事分开、政府与市场中介组织分开，减少和规范行政审批，减少政府对微观经济运行的干预。"对于国有资产的管理，要坚持社会公共管理职能与国有资产出资人职能分开，坚持事企分开，实行所有权与经营权分离。而在推进政企事三者分开，实行转企改制的过程中却面临着很大的障碍，主要体现在：

（1）发展前景不明不愿改。全省公路系统从事经营活动的直属单位中，大多是行业资源不多，经营能力不强的，部分市州公路工程建设公司依靠政府建设项目盈收，转企后要在市场上平等参与竞争，市场竞争和盈利能力不容乐观，员工会担心收入水平下降，甚至转企改制后面临破产下岗的困境，不愿改革。

（2）原有事业编制身份难得改。部分地区公路事业单位的经营类直属单位在上一轮改革中已完成了转企改制，但大多数企业改革不彻底，企业人员保留事业编制的问题仍然存在。如孝感市公路局下属湖北中南路桥公司，347名职工中有206人仍是事业编制，其中大多数职工年龄偏大，文化程度偏低，职业技能单一，进入社会后竞争力差。其他市州直属企业类似问题也普遍存在，这部分职工转企后身份不同，待遇也不同，因担心利益受损而积极性不高。

## 四、编制管理不合理、人事管理不完善

在改革过程中，人是最关键的因素，而在湖北省现有的公路系统中，人事管理却存在以下问题：

### （一）机构编制管理不合理

自1989年省编委下达了鄂编〔1989〕015号文后，已有20余年无权威文件对公路编制管理进行指导和规范。自1989年以来，全省行政区划不断改变，公路养护里程、交通量增长迅猛，广大人民群众的出行需求和对公路公共服务水平的要求也越来越高，公路行业管理职能和业务量不断增加，过去的机构编制已满足不了公路系统当前的发展需要，急需重新核定。同时，由于资金由省级管理，编制由地方管理，这与公路行业特点不相符，资金与人员控制脱节导致地方控制编制的内在动力不足，人员膨胀增长过快，行业难以

为继。

（二）机构队伍建设有待加强

首先，公路管理机构膨胀、人员冗员。从对湖北省的人员编制及实有人员的数据分析可知，虽然目前超编严重的问题得到了有效控制，公路系统人员总数控制正逐步趋于合理，但由于各级公路管理机构仍按事业单位性质核编，导致编制控制不严、人员膨胀、机构庞大臃肿、效率低下，有限的养路经费只能先养人才养路，大量养路费用来支付人员工资，正常养护资金缺口严重，路面养护质量下降严重，且人员准入随意性较大，非正常渠道进人情况在一些地方较为严重，尤其是在县级公路管理机构还普遍存在超编情况。据调查，全国实有公路人员总数超过2万余人的省份有7个，其中，湖北省人员最多，实有人员达5万余人，人员最多的市级机构的实有人数有3102人。

其次，人员老龄化、专业结构不合理。由于公路管养部门是事业单位，长期稳定，工资福利有保障，所以长期以来人员进多出少，同时，由于公路养护管理行业较为封闭，以往单位招工优先考虑职工子女，近亲繁殖，不注重引进社会人才，职工尤其是一线职工文化层次低，职工队伍整体素质偏低，因人设岗情况严重。从目前基层公路管理队伍文化水平上看，本科以上学历的人员很少，公路管理人员素质偏低，人才断档、青黄不接、专业技术人员少，行政管理人员和非生产人员等非公路专业技术人员在全省公路职工中所占比例较大，约占30%，难以满足公路管理的专业性要求，进而导致人浮于事，效益低下。此外，现在公路局的人才资源的构成呈"硬型结构"，比较缺乏工程管理、经济管理、企业管理、法律、工商管理等"软"专业人才，复合型人才少，缺少综合管理型人才。也就是说，在人才资源的专业构成上，缺乏系统掌握管理、经济、法律和金融等方面知识并能从事公路行业管理工作的综合性管理人才，这可以说明在人才的培养方面存在重技术、轻管理的倾向。这种情况不但在省级和地级市存在，在县级也同样有这样的问题。

（三）人事管理制度有待优化

湖北省现行的公路事业单位人事管理体系仍然处于计划经济的

框架下，长期以来，生产按上级计划安排，经费按在编人员拨付，管理靠命令，大锅饭、铁饭碗观念根深蒂固。基层单位依赖思想比较严重，整个公路行业思想处于保守状态，职工等、靠、要思想严重，竞争意识、效益意识、开拓意识、危机意识、爱岗敬业意识淡薄，思想不够解放，主观能动性不强，工作积极性和主动性不够，普遍存在"干多干少一个样，干好干坏一个样"的现象。同时，全省公路系统普遍存在着职工待遇低、进人难、离退休支出压力大的实际困难。

而造成以上现象的一个重要原因是湖北省公路管理机构的人事管理体制僵化，缺乏科学有效的人才聘用机制，人力资源的开发和培训不够，绩效考核不规范，激励机制不健全，对人才资源的开发较注重管理与使用，不太注重对人员的教育与培训，更谈不上制定人才资源的开发计划。对于地方公路行政管理部门传统的干部教育与培训管理体制而言，较多地注重指令性、计划性，习惯于硬性规定、计划调控和被动管理。

## 第四节 全省公路行业事业单位分类改革面临的障碍

全省公路事业单位的分类改革涉及许多方面，尤其是在旧有的体制上实现突破和创新，必然会遇到各种各样的困难和障碍，这是因为管理体制改革只能是一种"非帕累托最优"，它不可能做到使所有的人在同样的时间获得相同的收益，改革遇到各种各样的阻力或抵抗力，为保证分类改革有条不紊地进行，有必要对改革的困难和障碍进行深入分析，了解其来源、性质和力度。总体来说，主要有以下五个方面：

### 一、职工长期形成的习惯性思维，会对改革产生不良影响

公路职工长期处在计划经济条件下从事公路养护、管理工作，端惯了铁饭碗，拿惯了铁工资，认为在事业单位工作，就是旱涝保

收，长期稳定。这种自觉或不自觉之间形成的关于对单位和工作的一套较为固定的看法和做法，已经形成习惯性，在一个较长的时期内影响甚至支配他们的心理活动和行为。而分类改革本身意味着对这种习惯性的否定，当改革试图改变他们这种习惯性的时候，就会给他们带来强烈的感情震荡，容易失去公正地判断变革的客观尺度，或者招致他们下意识的不良反应，产生抵制态度，并且，职工对改革的目的、前景是怎样理解看待的，有时差别很大，其结果可能导致基于理解不清或理解混乱而抵制、干扰改革，甚至有时职工在理智上明明知道变革将带来比现在更多的收益，但在情感上宁愿维持现在的管理体制。

## 二、改革对利益进行重新调整组合，会导致局部的不满和阻力

管理体制改革意味着权力、利益和资源的调整或再分配，因此必然会触动一部分人的切身利益，进而形成不满和阻力。比如在实行事企分开的机构改革中，因机构变动而引起的中、高层管理人员职位的变动，丧失权力的人将产生不满，并可能形成阻力；由于岗位的精简，内部竞争的加剧，资源按市场化要求进行配置，职工身份、贡献的不同导致收入拉开差距，一部分人可能会对此持消极态度；长期以来养路职工世代都在公路行业内就业，形成高度的亲戚化，组织机构的变动可能会触动一些原有的团体等非正式组织的利益，从而引起这些团体的不满，并形成阻力。利益是改革的核心问题，来自于利益方面的阻力是最顽强的和最富有破坏力的，职工很难在改革付诸实践之前证明改革是有益的，更难对自己从变革中获得的预期收益进行精确计算，这容易产生不安心理，对改革产生疑虑，进而形成消极态度和抵触性行为，妨碍和制约改革的顺利进行。

## 三、长期形成的组织惰性，会阻碍改革的措施推行

公路管养行业长期处于计划经济模式下，多年来形成了相对固定的组织机构、管理制度、生产流程，职工也养成了特定的行为习

惯，虽然随着时代的发展，行业内部也进行了一些改良，但本质上长年累月的固定模式，使整个单位和职工趋于僵硬、保守、墨守成规、动作缓慢。改革本身就是对既定模式和习惯的一种否定，改革因此容易受到组织惰性的抵制和阻挠。

### 四、缺乏配套的政策规定，改革没有现成的经验可借鉴

完善的配套政策是顺利推进改革的保证，当前湖北省委省政府仅出台了分类改革的实施意见，涉及财政、转企改制、国有资产管理、收入分配制度改革和养老保险等具体问题的配套政策还未出台，导致各级公路管理机构在实施改革过程中缺乏操作依据，且湖北省各级公路管理机构在成立初，单位性质是自收自支的事业单位。燃油税改革后，由原来的交通部门征收的"五费"改为国家税务部门征收的燃油税，基本支出全部来自省级财政拨款，各级公路管理机构职能逐渐转变为指导、协调、监督和服务，没有自收的能力，但地方编制部门仍将各级公路事业单位按照自收自支单位管理，经费来源渠道及相关政策需要重新明确。

对于公路管养行业的改革，全国都在进行探索，各省的改革思路、措施、力度都不一样，至今尚未形成统一的管理体制，没有成熟的管理体制可供借鉴。从全国范围来看，在政府主导下，许多试点地区近几年出台了公路和农村公路管理体制的改革方案，分别对公路和农村公路管理体制进行了分类改革，但各省管干线公路管理体制的分类改革还没有正式启动，仍然处于试点探索之中，比如在组织机构的改革上、管理流程的创新上、人事用工管理上、国有资产管理上，都没有明确的操作依据。由于地区一级的分类改革缺乏现成的经验可借鉴，因此，各地区只能进行自行探索。

### 五、单位底子薄、实力弱，难以轻装上阵

长期以来由于高度依赖养路费拨款维持日常工作，公路行业职工缺乏经济头脑，单位缺乏经营意识，从上到下参与市场竞争的能力较弱，一旦实行事企分开、管养分离，生产经营有一定的困难。由于人多路少的问题比较突出，与市场接轨后，不再以确保人头费

为主，人员势必过剩，分流的渠道又非常有限，会导致部分职工失去工作岗位，造成不稳定因素。职工没有纳入社会保险，如果进行管理体制改革，职工身份从事业转换为企业后，职工存在较大的后顾之忧，不利于改革的推行。单位内部缺乏管理人才和专业技术人才，职工队伍整体素质低，出现结构性失调。

# 第四章 湖北省公路行业事业单位分类改革的总体规划

## 第一节 全省公路行业事业单位分类改革的目标体系建设

根据党中央、国务院关于地方政府机构改革的总体部署，按照社会主义市场经济体制对政府行政管理的基本要求，与国家分类推进事业单位改革的总体步骤相适应，并结合湖北省公路发展现状及事业单位目前存在的问题，可以从宏观和微观两个角度来确定现阶段湖北省推行公路事业单位分类改革的总体目标。

### 一、宏观目标

适应费税改革的需要，与湖北省分类推进事业单位改革的总体步骤相一致，在全面总结其他各省公路事业单位分类改革的实践经验、教训，认真吸取国外公路管理机制的普遍经验的基础上，整合公路管理资源，逐步推行分类改革，到2020年，基本建立机构精干、体系完整、职能明确、事权清晰、权责一致、分工合理、决策科学、治理完善、高效协调、执行顺畅、行为规范、监管有力，基本符合社会主义市场经济现阶段发展要求的，有利于提高公路网运行效率、促进全省经济和公路运输生产力发展的公路管理体制和运行机制，形成基本服务优先、供给水平适度、布局结构合理、服务公平公正的中国特色公路事业服务体系。

## 二、微观目标

使全省公路行业管理职权界定明确，依法治路主体更加清晰，管理职责划分更加具体，让公路管理机构逐渐从公路养护生产性事务中解脱出来，让公路企业集中精力从事公路养护、修建工程，以市场化的方式进行专业化、规范化、机械化养护，提高公路养护资金的使用效益，稳步提高公路养护质量，创造"通、平、美、绿、安"的道路条件，提高为社会、为公众服务的水平和效率。

依据总体目标，当前的阶段性目标是：按省委省政府要求，2015年部署启动公路系统事业单位分类改革工作，2015年年底基本完成公路事业单位分类工作；2016年，基本完成从事公路生产经营活动事业单位的改革，承担公路行政职能事业单位的改革积极推进，从事公路公益服务事业单位在机构编制、财政支持、人事管理、收入分配、社会保险等方面的配套改革取得一定成效，管办分离、完善治理结构等改革取得明显进展，为实现公路事业单位分类改革的总体目标奠定基础；今后五年，在复位、归并和整合的基础上，承担行政职能的各级公路管理机构和承担养护生产任务的基层养护道班的改革基本完成，政事分开、事企分开和管办分离取得明显进展，理顺各级政府及有关部门的公路管理事权，"统一领导、分级管理"的公路管理模式基本建立，为实现改革总体目标奠定坚实基础。

## 第二节 全省公路行业事业单位分类改革的指导思想和基本原则

### 一、指导思想

以科学发展观为统领，以十八届三中、四中、五中、六中全会和省委省政府分类推进事业单位改革精神为指导，以提高公共服务能力、促进公路公益事业又好又快发展为目标，以科学分类为基础，以深化体制机制改革为核心，以转变政府职能为重点，优化组织机构设置，创新行政管理方式，全面正确履行公路政府职能，按照政事分开、事企分开和管办分离以及决策监督与执行分离的要求，理顺公路管理事权，落实相应的建设管理养护责任，做到政府主导、行业指导、因地制宜、稳步推进，积极构建适应公路网络化管理要求的健全的现代公路管理体系，提高公共服务能力，提供安全畅通高效便捷的出行服务，不断满足人民群众和经济社会发展对公路交通事业日益增长的需求。

## 二、基本原则

缓急适度，全面兼顾；事企分开，管养分离；分类推进，分步实施；效率优先，兼顾公平。

### (一)缓急适度，全面兼顾

首先，要处理好改革、稳定和发展的关系，改革是手段，稳定是保证，发展是目标，要提高对改革的承受力。在改革进程中，应区别轻重缓急，充分考虑社会承受能力，注重发挥各方面的积极性，先易后难、积极稳妥推进事业单位改革，妥善处理好改革、发展和稳定的关系。公路事业单位分类改革中利益受损的部分职工很容易丧失对生活和发展的信心，应当使这部分职工所付出的代价得到合理的补偿。因此，应妥善做好分流职工的安置工作，兼顾职工的切身利益，通过帮助职工提高自身素质，增强自谋职业的能力。

其次，要处理好近期利益和长远利益的关系，既要保护好近期利益，更要着眼于长远利益，提高对改革的认知力。提高公路职工对改革的认识，增强危机感和忧患意识，正确处理个人利益与集体利益、眼前利益与长远利益的关系，认识到只有改革才有出路，才能促进公路事业长远发展。更新互利、双赢的合作式竞争观念，促使职工以更多的理性和合作精神去面对改革中出现的竞争和挑战，以有利于改革的推进。

最后，要处理好条块关系，公路主管部门要从微观管理转向宏观管理。处理好改革机制与加强管理的关系。改革是手段，管理是基础，在推进改革的同时，必须加强管理，规范运作，严谨科学，确保改革效益。同时也要创新机制，强化公路局内部管理。建设领域事业单位在通过调整结构、规范职能的基础上，必须适应社会主义市场经济的要求，着力推进事业单位内部管理体制改革，形成富有活力和效率的管理运营机制。

(二)政事企分开，管养分离

政企事分开的主要目的是明确行政管理机关与事业单位、生产企业的事权界限，使公路事业单位成为纯粹、独立、规范的服务实体、法人实体，这是分类改革的首要一步，主要是政事企的职责分开、机构分开、管理方式及手段分开。

职责分开、机构分开主要是指从公路管理的实际需要出发，全面强化交通主管部门的政府行政管理职能，切实把政府职能转到经济调节、市场监管、社会管理和公共服务上来，而原由政府机构承担的一些技术性、服务性的工作则应交给公路事业单位去完成，强化公路管理机构的行业管理职能，赋予其一定的权力，保证行业管理工作的正常进行，逐步推行管办分离，实现公路管理机构由"办事业"向"管事业"转变。事业单位取消行政级别、与行政主管部门脱钩或主管部门简政放权，建立产权多元化的现代事业制度，同时，将属于企业管理范围的职能从政府管理中分离出去，交由企业，使其根据市场规律自主发展。

(三)分类推进，分步实施

采用何种方式来提供公路产品？是政府部门、公营事业还是私营部门？这是公路经济学的核心问题。原交通部部长李盛霖表示，深化事业单位改革，是继国企改革、政府机构改革后中国面临的又一项重要任务。中国将认真完善各项配套措施和相关政策，稳步推进各领域事业单位的改革。

公路事业单位分类改革，是全省社会经济改革的一个重要举措，也是一项涉及面很广的系统工程，改革难度很大，任务十分艰巨，必须高度重视，慎重推进。在改革中，要积极稳妥，统筹考虑改革的力度与行业发展的可承受度，根据公路事业单位的职能任务进行科学分类，对不同类型的事业单位明确不同的改革目标，采取不同的改革方式，制定不同的管理办法，并依据各地实际情况制定具体改革实施方案，按目标、分类别、照计划、分阶段、分步骤地稳步推进，市、县区公路管理机构在本级政府和交通主管部门的指导下，分级负责组织实施。

(四)效率优先，兼顾公平

改革不仅应该坚持效率原则，而且也应该坚持实事求是、公平公正原则。发展与改革应同时促进效率和改善公平。在改革进程中，应坚持以人为本的原则，始终以是否有利于提高公路服务水平、满足人民群众出行需求和促进公路管理事业发展作为改革的标准和目标，并同时兼顾现状，研究改革方案，坚持做到实事求是，提高改革的保障力。通过推行养老保险、失业保险和医疗保险社会统筹，解除职工后顾之忧，使公路职工留得安心、走得放心。

此外，改革肯定会涉及人员的变动和招聘工作，这就要公平地选拔公路局所需人才。人事部发布实施了《事业单位公开招聘人员暂行规定》，其中就有关于事业单位公开招聘人员暂行规定。该规定明确了事业单位公开招聘人员的招聘范围、条件及程序；招聘计划、信息发布与资格审查；考试与考核；聘用；纪律与监督等内容。该规定指出，事业单位新进人员除国家政策性安置、按干部人事管理权限由上级任命及涉密岗位等确需使用其他方法选拔任用人员外，都要实行公开招聘。事业单位公开招聘要坚持德才兼备的用人标准，贯彻公开、平等、竞争、择优的原则。公开招聘由用人单位根据招聘岗位的任职条件及要求，采取考试、考核的方法进行。

在具体的分类改革工作中，还要注意坚持以下原则：

坚持依法依规，以《公路法》《收费公路管理条例》《公路安全保护条例》等法律法规和中央有关规定作为推进公路管理体制改革的基本依据；坚持公益属性，以提高公共服务水平为主导，建立以行政执法类、社会公益类为主体的公路管理体系；坚持事权清晰一致的原则。在管理活动中，权力与责任是不可分割的整体，二者互为前提，相互制约，若其中的任何一方不匹配，就会出现不公平、低效率的结果。目前，全省公路管理普遍存在事权不清、权责不明的问题。改革时，首先必须从公路管理的客观要求出发，根据不同类型的公路服务功能，明确界定各级公路管理机构、交通主管部门的责任和权力，推进政府与市场、决策与执行相分离，发挥各自的能动性，保证管理工作的规范和高效；其次，需要赋予它们与此相当的责任，建立与之适应的约束机制，强制其对自身的行为结果负责，提高执行效率，合理划分职责，做到事权和责任对等、财权与事权匹配，只有这样才能实现改革目标；坚持精简高效的原则。继续实行"一厅二局"的公路管理体系，将现有的公路管理机构与普通干线公路管理机构合并，由一个机构统一行使公路行政管理权，以调整机构，减少层次，精简人员，提高效率。对经营性收费公路则可以明确由经营企业负责养护和收费，但涉及路政执法、质量监督等行政管理事宜，由各级公路管理机构负责。

## 第三节 全省公路行业事业单位分类改革的方向和基本思路

### 一、改革方向

坚持深化改革、体制创新，响应国家行政体制与事业单位改革的总体部署，合理确定公路管理部门的职能，以权责一致为原则，正确界定各级公路管理部门间的事权关系；正确处理改革、发展、稳定的关系，综合考虑改革的客观条件和社会可承受的程度，合理把握改革的时机与节奏，平稳推进公路管理体制和养护运行机制改革；兼顾效率与公平，最大限度地保护职工的合法权益。

### 二、改革的总体思路

坚持以人为本、分类指导、开拓创新、着眼发展、统筹兼顾等原则，按照政事分开、事企分开和管办分离的要求，实行总体设计、分类指导、因地制宜、先行试点、稳步推进，将整体规划、重点任务推进和阶段性目标实现相结合，实现事企分开、管养分离、机制分开、政资分开和人员分开。

首先，按照政事分开、事企分开的原则，在规范公路行业事业单位的概念和范围的基础上，对现有不同类型的公路管理机构按照统一标准进行重新定位，对现有的单位进行清理整顿，调整布局结构，并根据公路事业单位在社会和经济中的不同作用和功能，对其进行科学合理的分类；其次，在分类的基础上有针对性地推进改革，以重新构建公路系统的发展体系和运行机制，针对不同类型的公路事业单位，使其承担不同性质的社会任务，实行不同的编制管理办法，采取不同的改革思路，并建立符合各类公路事业单位特点的经费供给渠道、人事管理制度、财务管理规则、领导干部管理办法和社会保障制度。具体如下：

（一）切实转变政府职能

将各级交通主管部门的职能真正转移到统筹规划、政策引导、宏观调控、法规监督和协调服务等方面。按照"宏观管住、微观放开"的原则，将该管的管好，该放的全部下放给所属的公路管理机构，以便拿出更多的时间抓好路网发展规划、法规政策制定和检查监督工作。而将公路行业市场管理、养护计划制定、公路管理信息收集处理、路政队伍组建和培训等具体事务交由公路管理机构来负责，减少职责交叉，避免政出多门。

（二）合理设置公路管理机构，统一名称

根据《公路法》的要求，公路管理机构从中央到地方按"中央、省、地、县"四级设立，每一级只设立一个公路管理机构，在政府交通部门的领导下，负责本辖区内公路行业管理的具体工作。公路管理机构的名称应在全省范围内实现统一：省公路管理局，分支机构为公路管理分局、地（市）公路管理局、县公路管理站。对经营性收费公路可以由投资建设或受让收费权的国内外经济组织依法成立经营企业，在交通主管部门和公路管理机构的行业管理之下，具体负责公路的养护、收费工作。

（三）实行政企、事企、政事分开

按照党中央、国务院的统一要求，全省各级交通主管部门及其所属的职能机构，要与其所管理的各类企业单位脱钩，让企业走向市场，使其真正成为独立经营、平等竞争的市场主体。

现阶段进行事企分开、管养分离，要将交通主管部门和公路事业单位所属的工程队、材料场站等经营性企业彻底脱离，将公路管理职能与养护生产职能进行合理分离，省级的交通运输厅和公路局、高速公路管理局重在职能回归，个别承担行政职能的处室划归行政部门机构，重在将宏观政策规划及行政管理制度的制定剥离回归机关；按照政府职能转变的要求，重心下移，对执法等职能整合下放，省一级不单独设置执法队，行政直接执法下放到县市，转变地方部门职能，有些地方交通行政职能回归机关，剩下的技术类、公益类要确定类别，尽量整合，并逐步将公路养护生产单位培育成具有一定竞争实力的施工企业，参与竞争。同时，合理划分政府部门与所属公路事业单位的职能，为公路事业单位创造一个良好的工作环境，充分发挥其作用，使其能够在职权范围内充分发挥自主权，确保交通主管部门下达的工作目标顺利实现。

（四）合理设定行业内部的"条"与"块"关系

要根据公路行业的特点，并结合湖北省的经济发展水平，正确处理干线公路管理中条与块的关系问题。从对全省调研情况来看，干线公路的统与分各有利弊，但频繁变化不利于稳定和发展。从长远来看，适应费税改革的要求，应该明确干线公路的管理权属于省级公路局，对干线公路实行省级集中、统一管理，有利于充分发挥路网的整体效益；有利于提高干线公路的管理和服务水平；有利于权责一致、职权明确的新型公路管理体制的建立。对县乡公路可明确其管理权属于地市县级公路交通部门。

（五）系统把握公路行业管理的主要特性

公路事业单位分类改革既要考虑公路管理的行政属性，又要尊重公路网管理的专业特性。公路是网络化的结构物，具有网络性、层次性、统一性、均衡性等特点，既有较强的专业性和技术性，也有较强的社会性和服务性。特别是国省干线公路具有跨区域、跨地区的网络化连接特点，是经济发展和人员物资流动的大动脉，不宜采取按地域分割式管理模式，既要考虑现有行政区划的管理要求，又要正确把握公路管理的内在特点，统筹考虑经济社会发展需要及未来行政管理体制改革的方向和要求。全面建立公路行政管理体系和公路养护市场化体系，进一步提高公路管理水平和路况质量，发挥公路养护资金的效益，使干线公路管理与养护实现管理规范化，公路养护市场化,生产机械化。

(六)公路管理职责行使主体

公路管理涉及体制机制、工程建养、路产保护、公共服务和应急处置等诸多业务。依据法律法规规定,政府交通运输主管部门及其授权的公路管理机构行使行政管理职责,包括制定政策法规、行业发展规划、技术标准规范、行政许可、行业监督指导等,目前已经存在的其他公路管理主体实际行使的行政职能应当依法回归公路行政主体;禁止采取分解职能的方式另行设立其他管理机构,同时,还要严格控制行政岗位编制,实现两个不突破:不突破政府限额,不突破编制总额。

(七)决策、监督与执行相分离

按照国家行政管理体制改革的总体要求,积极推进决策、监督与执行职能的分离,提高管理效能。省级交通运输主管部门是公路管理决策和监督机构,具体负责制定公路管理法规、行业政策、标准规范、发展规划等行政职能;省级公路管理机构具体负责公路养护(绿化)、路政管理、收费公路监管、涉路行政审批、公共服务、应急处置、公路相关数据统计等具体行政行为。市一级公路管理职责照此进行划分。

## 第四节 全省公路行业事业单位分类改革的工作重点与难点

全省公路事业单位分类改革不仅仅是将各个单位部门进行简单的分门别类,还触及体制机制的深层次问题,涉及公路事业单位的管理体制、机构性质、名称、级别与分类、编制管理、职能部门设置、干部人事管理、收入分配、社会保险、财政投入、资产和财务管理、党的建设等多方面内容,需要组织、机构编制、人力资源社会保障、财政、法制等多个部门主体的密切配合,协同推进,形成合力,才能真正达到改革目的,可谓"牵一发而动全身"。在本书第三章已经分析过全省公路事业单位分类改革将会面临的各项障碍,而解决这些障碍便是当前分类改革的工作重点和难点所在。

## 一、改革的重点

(1)科学划分并理顺各级事业单位的职能和事权,解决跨区管理和事权不清问题;

(2)依据各级事业单位的职能事权划分,科学调整内设机构;

(3)确定统一的编制标准,明确各级公路事业单位直属分局的机构编制。

## 二、改革的难点

(1)对部分单位的转企改制。

(2)对现有事业单位,尤其是对县市区公路管理部门的人员进行分类分流和合理安置,强化公路管理队伍的建设。

假设一下,在改革进程中,如果一方面改革方向是要将承担行政职能事业单位转为行政机构、综合执法机构或者将行政职能回归行政机关,另一方面法律法规仍然授权甚至规章、文件依然委托事业单位承担行政职能,那么改革就难以达到理想彼岸;如果一方面要给予事业单位充足的自主权,甚至部分事业单位编制也不再实行审批管理,另一方面却对事业单位具体岗位结构比例都要严格规定,甚至事业单位招聘高层次人才也要严格审核,那么改革就偏离了方向;如果一方面投向事业单位的公共资源增多、事业单位工作人员的收入待遇上升,另一方面事业单位乱收费等现象仍然严重、群众对于事业单位提供的公益服务的可及性和公平性依然普遍不满,那么改革的效果就没有实现。因此,这就需要相关部门进一步加强协调配合,将一切工作的出发点和着眼点都围绕改革的最终目的,把握正确的改革方向,达成共识,加强协作,完善制度,创新管理。

# 第五章 实证分析：武汉市公路事业单位分类改革实施方案

## 第一节 武汉市公路事业单位分类改革的困境分析

### 一、武汉市公路概况

在"十二五"期间，武汉市普通公路建设累计完成投资159亿元。建成一级公路路基472公里，路面454公里。二级公里路基295公里，路面289公里。通湾公路2083公里。截至2014年年底，全市公路通车总里程为14519.83公里，其中，高速公路里程为633.5公里，一级公路里程652.97公里，二级公路里程1444.09公里，全市公路密度为180.84公里/百平方公里，居全国同类城市前列，全市基本形成"干支配套、网状连接、深度通达、功能较全"的公路网络，在促进武汉市，乃至湖北省社会经济发展中起到了先行作用，为人民群众安全便捷出行提供了便利的公路交通条件。

在公路养护方面，武汉市一直致力于推进养护路政一体化、养护定额和桥梁责任人管理模式，坚持小修保养与预防性养护相结合，大中修工程与改善路域环境相结合。"十二五"期间，全市共投入养护资金15.58亿元，其中，大中修及专项资金13.48亿元，小修保养资金2.1亿元，完成公路大中修工程627.4公里，完成危桥改造15座，实施国省干线公路安保工程938公里，补植绿化苗木3.8万株。

在信息管理方面，武汉市级路网运行监测与应急处置系统于

"十二五"时期投入运行,区级公路应急抢险中心粗具规模。各区公路局、处养护所配备了应急指挥车,基本实现了信息交换、畅通监控、应急处置等实时、可视传输。

## 二、武汉市公路事业单位概况

(一)机构设置及职能配置情况

具体见书末附表1和附表2。

1. 市级层面

武汉市公路管理处为副处级全民事业单位,隶属武汉市交通局、湖北省交通厅公路局双重领导。行政上隶属武汉市交通运输委员会管理,业务上受湖北省交通运输厅公路管理局指导。主要负责全市普通公路建设、养护、路政管理工作,并承担武汉至麻城高速公路武汉段、武汉至蔡甸高速公路和岱家山至黄陂三条高速公路路政管理工作。

处机关内设13个科室,分别是办公室、党委办公室(含团委)、计划科、财务科、人事教育科、建设科、养护科、路政科、法规科、安全应急办、审计科、监察科、工会。处属单位11个,行业管理单位6个,对6个新城区公路管理局(江夏、蔡甸、黄陂、新洲、东西湖、汉南)实行行业管理。全市公路系统在职职工共2459人。

主要职能:对全市公路履行行业管理职能,即公路的规划、建设、养护、管理等进行归口管理。具体为:贯彻执行国家、省、市关于公路管理的方针、政策和法律法规,制定公路管理地方性规章、标准、办法,并组织实施;负责编制全市公路的发展规划、中长期计划,对批准的规划和计划组织实施并检查监督;负责指导公路建设项目管理;按照公路工程技术标准及相关法律法规,对年度计划范围内全市公路建设项目进行监督和检查;负责全市公路养护管理;负责全市公路路政管理,保护路产,维护路权;负责监督、指导全市公路安全和应急保障;负责全市公路新技术、新工艺、新设备、新材料的研究、推广应用;负责行业文化建设和文明创建;负责全市公路统计工作和信息化建设及公路信息管理;负责对下属单位的监督、管理；承办上级交办的其他工作。

2. 县(区)级层面

区级层面主要是6个新城区(江夏区、蔡甸区、黄陂区、新洲区、东西湖区、汉南区)的公路管理局。

(1)武汉市江夏区公路管理局

该局始建于1956年，1992年更名为武昌县公路管理局，1996年更名为江夏区公路管理局，为区属副处级事业单位。其业务隶属于武汉市公路管理处管理，是江夏区交通运输局的二级事业单位，现有在职干部职工623人。

江夏区公路管理局担负着全区24条共406.340公里公路的养护、管理和公路新改建任务，其中国道2条共50.492公里，省道4条共103.251公里，县道12条共200.94公里，乡道6条共51.657公里。列养公路技术现状为：一级公路67.494公里，二级公路255.215公里，三级公路53.571公里，四级公路30.060公里。

江夏区公路管理局内设五科二室一工会一大队，即行政办公室、政工科、财务科、审计科、安全机务科、工程质检科、监察室、路政大队、工会；下辖武汉江夏路桥工程总公司、机务队、工程车队、建筑公司、材料站、养护中心、企管中心、治超办公室、职工教育培训中心等9个二级单位。

(2)武汉市蔡甸区公路管理局

蔡甸区公路管理局是集公路建设、养护和管理于一体的公路管理部门，行政上隶属于区交通运输局领导，业务上隶属市公路管理处管理。现有职工226人，退休职工182人。在职职工中大专以上文化的有75人，拥有各类技术职称人员68人，其中高级职称1人，中级职称24人。局机关设办公室、人事科、财务科、内审科、养护绿化科、路政安全科和工程计划科。局下设一个路桥公司和一个养护中心。路桥公司可承接各类公路工程建设项目；养护中心下设5个管理站(其中南桥站为五星级文明站)和1个养护工程队，负责全区254.587公里列养公路的养护和管理。

(3)武汉市黄陂区公路管理局

黄陂区公路管理局属市、区双重管理的副处级事业单位，系黄陂区唯一法定的公路管理机构，主要承担全区443.857km/27条列养公路的建设、养护和管理职能，其中：国道24.338km/1条、省道105.127km/4条、县乡道314.392km/22条。列养公路技术现状为：一级公路60.557km，二级公路303.66km，三级公路47.89km，四级公路31.75km，全局管养各类桥梁7244.75延米/98座。现有在职干部职工538人，局党委下辖五个基层党支部，全局党员165人。

区公路局机构设置：局机关内设办公室、人事科、路政科、质检科、财务科、审计科、养护科、计划科等"七科一室"，另按有关章程设置工会委员会，后因工作需要，机关增设：监察科、应急办、劳服中心。区公路局下辖养护中心（与养护科合署办公）、路桥工程处、材料供应站等三个正科级事业单位。

(4)武汉市新洲区公路管理局

新洲区公路管理局为区属副处级自收自支的事业单位，隶属区交通运输局管理，核定编制数为320人。按照公路事业全面规划、合理布局、确保质量、保证畅通、建养并重的原则，负责新洲区内国道、省道、县道、乡道的规划、勘测、设计、建设、养护和管理工作。

新洲区公路管理局列养公路总里程368.842km。其中：国道64.654km/2条，省道101.44km/3条，县道171.493km/11条，乡道31.255km/8条。列养公路中等级公路达100%，其中一级公路70.04km，二级公路166.843km，三级公路128.959km，四级公路2km。管养桥梁102座计7021.4延米，其中大型及以上桥梁17座计5160.6延米。

新洲区管理局现有在编职工275人（其中机关63人，养护136人，路桥76人），退休人员126人，临时聘用人员120人，内设12个科室，分别为办公室、财务科、审计科、养护科、工程技术科、人事劳资科、路政科、质检科、机料科、纪检监察室、工会、目标办公室。下设武汉市新洲公路工程建设有限公司、武汉市新洲恒通公路养护建设有限公司两个公司，设一个路政大队，大队下设

3个中队。

(5) 武汉市东西湖区公路管理局

武汉市东西湖区公路管理局成立于1960年，于2003年12月升格为副处级事业单位。其业务隶属于武汉市公路管理处管理，是东西湖区交通局的二级事业单位。目前实设机构5个，即办公室、路政安全科、工程计划科、财务科、养护中心。养护中心下设三个公路管理站，即打靶堤管理站、径河管理站、陈家冲管理站（正在规划建设走马岭应急中心和柏泉应急中心）。局下设三个企业，分别为武汉恒生兴达工程有限公司、武汉恒生路桥工程有限公司和武汉兴达公路养护有限责任公司。

东西湖区公路管理局肩负着G107东山堤至额头湾段、S106荷沙线、金山大道、五环路等共计25条线路的管养任务，养护总里程272.557公里，其中国省干线34.638公里，区内一、二级公路（经济干线）237.919公里（部分道路已升级），管养桥梁44座。

(6) 武汉市汉南区公路管理局

武汉市汉南区公路管理局成立于1980年4月，其前身是"武汉市汉南区公路管理段"，2010年4月，经汉南区编委批准，更名为汉南区公路管理局，业务主管部门是武汉市公路管理处。主要负责汉南区列养公路、桥梁的建设、养护与路政管理。全区列养公路92.209公里，其中省道45.406公里，县道46.803公里。

汉南区公路管理局内设综合办公室、财务室、审计室、总工办、路政大队和工会。下属两个单位，一为武汉汉交路桥有限责任公司，一为汉南区公路养护中心。其中武汉汉交路桥有限责任公司注册资金为1.3亿元，拥有公路路基路面工程专业二级资质，主要是承建各类次、高等级公路路基、路面工程、市政工程、大型土石方工程以及给排水工程；汉南区公路养护中心注册资金为7500万元，拥有公路养护施工的二类（甲级）资质、三类（甲级）资质，主要是承担一级公路和高速公路的路基、路面、中小桥、涵洞、中短隧道、绿化及沿线设施等的中修、大修养护工程，还可以承担高速公路和一级或者二级公路的小修保养。汉南区公路养护中心下设陡埠和汉南两个公路管理站，分别管理养护纱帽街、邓南街、湘口街以及东荆街的各条列养公路。

3. 附属单位情况

在武汉市公路管理处下,处属的11个单位分别是:武汉市公路管理处公路养护管理所(负责318国道升东段养护与路政管理、汉施公路养护与路政管理、岱黄公路养护工作)、武汉高速支队(负责武麻、汉蔡、岱黄、机场二通道等四条高速公路路政管理工作)、武汉公路桥梁建设集团有限公司(公路工程施工总承包一级资质)、武汉市公路工程咨询监理公司(监理甲级、试验检测综合乙级)、武汉市公路材料公司、武汉市华光交通工程公司(国家住房和城乡建设部交通安全设施专业承包资质)、木兰超限超载车辆检测站(黄土公路)、东升超限超载车辆检测站(318国道东升段)、武湖超限超载车辆检测站(汉新公路汉施段)、关山超限超载车辆检测站(关葛公路)、武汉华益路桥管理有限公司(岱黄公路费收,合资公司)。

(二)编制及实有人员情况

具体见书末附表3。

截至2015年年底,武汉市公路系统共有正式职工2353人。其中,管理和专业技术人员896人,工勤人员1457人。具有本科以上学历444人,占总人数的19%;中级及以上职称240人(副高以上67人),占总人数的10%;高级工及以上853人(技师以上128人),占总人数的36%;35岁及以下的517人,占总人数的22%。

"十二五"期间,全市公路系统共引进各类人才76人,为武汉市公路事业的持续健康发展注入了新的活力。其中,按来源渠道:应届大学毕业生29人,社会招聘37人,军转干部安置10人;按学历层次:研究生4人,本科37人,大专25人,高中10人;在此期间全市公路系统共101人参加学历教育并取得相应学历证书(其中,本科晋升研究生2人,大专晋升本科23人,高中晋升大专76人),150人取得专业技术职称晋升,564人取得工勤技能等级晋升。

进入新时期,尤其是"十二五"以后,随着公路管理体制机制的改革,人员和机构实行属地管理,原来实行的市级机构管理部门统一管理的格局发生了改变，全市各区管理机构根据省编制管理部门统一规定与要求，结合各市州的实际情况对所辖公路部门事业编制进行核定。在调研中发现，随着公路列养里程的增加，全市公路系统在职人员数量却相应在减少，这说明大包干时期人员数量膨胀较快、超编严重的问题得到有效控制，公路系统人员总数控制正逐步趋于合理，但也反映出公路系统职工待遇低、进人难的实际情况，人员老龄化、负增长，离退休人员支出压力大等问题十分突出，各县区公路管理机构人才断档、青黄不接的情况急需解决。

(三) 人员构成类别

当前，武汉市公路事业单位实有在编员工 2351 人，主要分为以下几类(如图 5-1)：

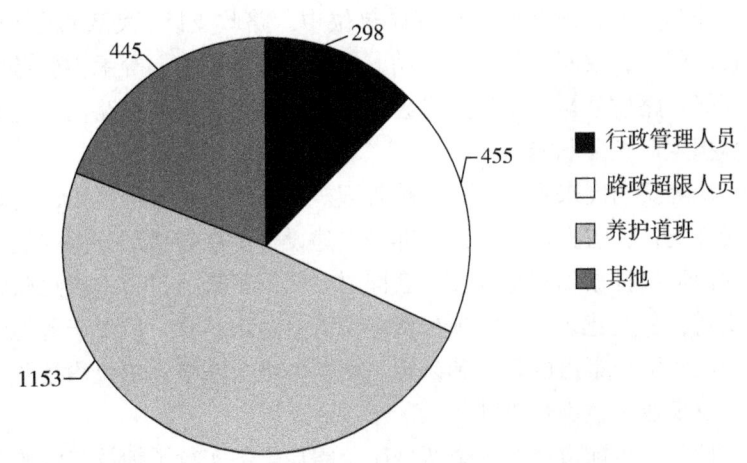

图 5-1　武汉市公路系统人员类别构成图

编外人员为 1424 人，用工形式构成如图 5-2 所示。

(四) 管理体制和运行机制情况

武汉市普通公路实行"条块结合、以块为主"的行政管理体制，项目计划、资金计划安排由省交通运输厅依据《公路法》《公路安全保护条例》等法律法规及规章文件实行统一集中管理，公路建设、养护、路政、应急、费收等管理以块为主，市级公路管理机构负责

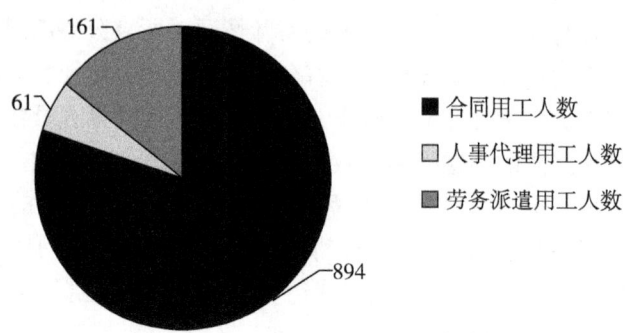

图 5-2 武汉市公路系统编外人员用工形式构成

行业指导与检查督办，各区级公路管理机构则具体管理与实施，人事、编制实行属地管理。在直属单位中，路政支队(大队)履行行政管理职能；政府还贷的收费站、治超站、养护中心等承担公益服务职能；路桥公司、工程建设公司、监理咨询公司及道路油供应站等承担生产经营职能。

从经费角度来看，各级公路管理机构基本支出定额包干，省财政转移支付，省直达市、县；养护、建设等专项经费部分由省级交通部门提出计划和资金预算，会同财政部门审查通过后由省财政转移支付，公路建设、养护项目资金由省直达市、县。但由于各地编制部门对资金渠道的理解和认定不同，各级公路事业单位均按照自收自支事业单位进行管理。

此外，目前市级及 6 个新城区公路局全部实行了绩效工资改革(东西湖区公路局实行参公管理)，除黄陂和新洲区公路局因资金问题未补发 2010—2012 年期间绩效工资约 3060 万元，新洲区公路局退休职工暂未落实生活补贴政策(自 2010 年起年均 100 万元)外，其他单位绩效工资政策已全部落实到位，且市级和各新城区公路局职工全员参加了省市社会保险，解决了职工的部分后顾之忧。

从目前来看，武汉市公路系统事业单位改革工作总体上还处于起步阶段，且整体进展缓慢，部分区局还未启动。编制部门已明确对其类别进行分类的有：市公路管理处(市高速公路管理局)、蔡甸区公路管理局暂定为公益一类，东西湖区公路管理局定为公益一类。市本级当前正在按市交通运输委的统一部署，开展事企分离和综合执法改革工作。其中，处属企业剥离工作已完成企业人员锁定上报、清产核资审计和企业中事业编制人员去向调查摸底等基础性工作；综合执法改革工作目前已按上级要求完成行政权力事项清理、近两年公路执法事项发生数统计和执法岗位人员统计等前期准备工作。

### 三、武汉市公路事业单位分类改革存在的问题和原因

基于调研情况及数据分析结果，本书将主要从机构设置、职能配置、人员配备与管理、运行机制及配套政策等方面分析武汉市公路事业单位分类改革面临的问题。

第一，武汉市公路事业单位机构设置不合理、性质定位不科学问题，具体包括：直线职能制中的多头领导问题；机构名称不统一、规模设置差异大；县(市、区)机构撤并调整频繁，较随意。

第二，武汉市公路事业单位机构职能配置不合理、事务权限不匹配，主要存在的问题包括：职能重心错位；职能方式偏传统；职责划分不清晰；职能配置不统一；职能配置不到位；职能配置不协调。

第三，武汉市公路事业单位改革难度大、政企事三者合一，主要存在的问题包括：政企不分；事企不分。在推进政企事三者分开，实行转企改制的过程中面临着很大的障碍，主要体现在：发展前景不明不愿改；原有事业身份难得改。

第四，武汉市公路事业单位编制管理不合理、人事管理不完善。在改革过程中，人是最关键的因素，武汉市现有公路系统的人事管理存在以下问题：机构编制管理不合理；人才队伍建设有待加强；人事管理制度有待优化。

### 四、武汉市公路事业单位分类改革面临的障碍

武汉市公路事业单位的分类改革涉及许多方面，尤其是在旧有的体制上实现突破和创新，必然会遇到各种各样的困难和障碍，这

是因为管理体制改革只能是一种"非帕累托最优",它不可能做到使所有的人在同样的时间获得相同的收益,改革会遇到各种各样的阻力或抵抗力。为保证分类改革有条不紊地进行,有必要对改革的困难和障碍进行深入分析,了解其来源、性质和力度。总体来说,主要有以下五个方面:

(一)职工长期形成的习惯性思维,会对改革产生不良影响

公路职工长期处在计划经济条件下从事公路养护、管理工作,端惯了铁饭碗,拿惯了铁工资,认为在事业单位工作,就是旱涝保收,长期稳定。这种自觉或不自觉之间形成的关于对单位和工作的一套较为固定的看法和做法,已经形成了习惯性,在一个较长的时期内影响甚至支配他们的心理活动和行为。而分类改革本身意味着对这种习惯性的否定,当改革试图改变他们的这种习惯性的时候,就会给他们带来强烈的感情震荡,容易失去公正地判断变革的客观尺度,或者招致他们下意识的不良反应,产生抵制态度。同时,职工对改革的目的、前景是怎样理解看待的,有时差别很大,其结果可能导致基于理解不清或理解混乱而抵制、干扰改革,甚至有时职工在理智上明明知道变革将带来比现在更多的收益,但在情感上宁愿维持现有的管理体制。

(二)改革对利益进行重新调整组合,会导致局部的不满和阻力

管理体制改革意味着权力、利益和资源的调整或再分配,因此必然会触动一部分人的切身利益,进而形成不满和阻力。比如在实行事企分开的机构改革中,因机构变动而引起的中、高层管理人员职位的变动,丧失权力的人将产生不满,并可能形成阻力;由于岗位的精简,内部竞争的加剧,资源按市场化要求进行配置,职工身份、贡献的不同导致收入拉开差距,一部分人可能会对此持消极态度;长期以来养路职工世代都在公路行业内就业,形成高度的亲缘化,组织机构的变动可能会触动一些原有的团体等非正式组织的利益,从而引起这些团体的不满,并形成阻力。利益是改革的核心问题,来自于利益方面的阻力是最顽强的和最富有破坏力的,职工很难在改革付诸实践之前证明改革是有益的,更难对自己从变革中获

得的预期收益进行精确计算，这容易产生不安心理，对改革产生疑虑，进而形成消极态度和抵触性行为，妨碍和制约改革的顺利进行。

(三)长期形成的组织惰性，会阻碍改革的措施推行

公路管养行业长期处于计划经济模式下，多年来形成了相对固定的组织机构、管理制度、生产流程，职工也养成了特定的行为习惯。虽然随着时代的发展，行业内部也进行了一些改良，但本质上长年累月的固定模式，使整个单位和职工趋于僵硬、保守、墨守成规、动作缓慢。改革本身就是对既定模式和习惯的一种否定，因此容易受到组织惰性的抵制和阻挠。

(四)缺乏配套的政策规定，改革没有现成的经验可借鉴

完善的配套政策是顺利推进改革的保证，当前湖北省委省政府仅出台了分类改革的实施意见，涉及财政、转企改制、国有资产管理、收入分配制度改革和养老保险等具体问题的配套政策还未出台，导致各级公路管理机构在实施改革过程中缺乏操作依据，且武汉市各级公路管理机构在成立初，单位性质是自收自支的事业单位，燃油税改革后，由原来的交通部门征收的"五费"改为国家税务部门征收的燃油税，基本支出全部来自省级财政拨款，各级公路管理机构职能逐渐转变为指导、协调、监督和服务，没有自收的能力，但地方编制部门仍将各级公路事业单位按照自收自支单位管理，经费来源渠道及相关政策需要重新明确。

对于公路管养行业的改革，全国各省市都在进行探索，改革思路、措施、力度都不一样，至今尚未形成统一的管理体制，没有成熟的管理体制可供借鉴。从全国范围来看，在政府主导下，许多试点地区近几年出台了公路和农村公路管理体制的改革方案，分别对公路和农村公路管理体制进行了分类改革，但各省管干线公路管理体制的分类改革还没有正式启动，仍然处于试点探索之中。比如在组织机构的改革上，管理流程的创新上，人事用工管理上，国有资产管理上，都没有明确的操作依据。因此，由于没有现成的经验可借鉴，对市一级的分类改革只能进行自行探索。

### (五)单位底子薄、实力弱,难以轻装上阵

长期以来由于高度依赖养路费拨款维持日常工作,职工缺乏经济头脑,单位缺乏经营意识,从上到下参与市场竞争的能力较弱,一旦实行事企分开、管养分离,生产经营有一定的困难。由于人多路少的问题比较突出,与市场接轨后,不再以确保人头费为主,人员势必过剩,分流的渠道又非常有限,会导致部分职工失去工作岗位,造成不稳定因素。职工没有纳入社会保险,如果进行管理体制改革,其身份从事业转换为企业后,必然存在较大的后顾之忧,不利于改革的推行。单位内部缺乏管理人才和专业技术人才,职工队伍整体素质低,存在结构性失调。

### (六)改革成本耗费巨大

在改革进程中,涉及国有资产的量化,社会养老保险的投入,适当的资金注入,都是改革应该支付的成本,但最大的成本就是建立公路行业社会保障机制及改制人员的成本耗费,因为对整个改革成本的估算需要大量的数据统计及样本分析,所以本书仅以前期调研中获取的蔡甸区公路管理局的数据对其改制人员的成本做一个大致的预估:

蔡甸区公路管理局共有公路系统编制人员260人,实有在编人员251人,退休人员185人,编外用工人员479人,假定其需要进行转企改制的职工数量为120人,计提社会保险费用128万元交社会保险经办机构;改制前职工的连续工龄视同基本养老保险的缴费年限,同时对个人账户给予一次性补偿,按规定标准计提45.7143万元,交社会保险经办机构;对在职职工按规定可根据其工作年限,发放经济补偿金,计提110.8269万元;政策性调资补发工资费用:按人均500元计提6万元;按市政府有关住房补贴的文件精神,计提28.6438万元;提前退休人员一次性计提住房公积金10.3790万元。改制成本合计:323.564万元。

由上述举例估算可以预测在全市公路行业实施分类改革将面临更大的成本耗费。

综上所述,武汉市公路事业单位分类改革是一件复杂而庞大的工作,其主要原因在于公路系统人员较多,存在一些历史遗留问题

(如机构设置不合理、事权模糊及编制情况暂未理顺等),同时,地方政府和改革主导部门的决心和政策、财力支持也是一大影响因素。

## 第二节 武汉市公路事业单位分类改革的总体规划

### 一、武汉市公路事业单位分类改革的指导思想和基本原则

(一)指导思想

以科学发展观为统领,以十八届三中、四中、五中、六中全会及中央和省委省政府分类推进事业单位改革精神为指导,以提高公共服务能力、促进公路公益事业又好又快发展为目标,以科学分类为基础,以深化体制机制改革为核心,以转变政府职能为重点,优化组织机构设置,创新行政管理方式,全面正确履行公路政府职能,按照政事分开、事企分开和管办分离以及决策监督与执行分离的要求,理顺公路管理事权,落实相应的建设管理养护责任,做到政府主导、行业指导、因地制宜、稳步推进,积极构建适应公路网络化管理要求的健全现代公路管理体系,提高公共服务能力,提供安全畅通高效便捷的出行服务,不断满足人民群众和经济社会发展对公路交通事业日益增长的需求。

(二)基本原则

缓急适度,统筹兼顾;依法依规,公开民主;效率优先,兼顾公平;政事企分开,管养分离;分类推进,分步实施。

1. 缓急适度,统筹兼顾

在改革进程中,要处理好改革、稳定和发展的关系、个人利益与长远利益、近期利益和长远利益的关系及条块关系。区别轻重缓急,统筹考虑行业和社会的承受能力,注重发挥各方面的积极性,先易后难、积极稳妥推进;对改革中利益受损的部分职工予以合理补偿,妥善分流安置,增强员工危机感和忧患意识,更新互利、双赢的合作式竞争观念,使职工以更多理性和合作精神面对改革中出

现的竞争和挑战；改革的同时加强管理，创新机制，规范运作，严谨科学，确保改革效益。

2. 依法依规，公开民主

以《公路法》《收费公路管理条例》《公路安全保护条例》等法律法规和中央有关规定作为推进公路管理体制改革的基本依据，坚持公益属性，以提高公共服务水平为主导，建立以行政执法类、社会公益类为主体的公路管理体系；建立与之适应的民主约束机制，加强民主参与和监督。

3. 效率优先，兼顾公平

坚持效率原则的同时，实事求是、公平公正。调整机构，减少层次，精减人员，提高效率，同时坚持以人为本，始终以是否有利于提高公路服务水平、满足人民群众出行需求和促进公路管理事业发展作为改革的标准和目标，兼顾现状，研究改革方案，实事求是，提高改革保障力。

4. 政事企分开，管养分离

明确行政管理机关与事业单位、生产企业的事权界限，政事企的职责分开、机构分开、管理方式及手段分开。从公路管理的实际需要出发，全面强化交通主管部门的政府行政管理职能，切实把政府职能转到经济调节、市场监管、社会管理和公共服务上来，而原由政府机构承担的一些技术性、服务性的工作交给公路事业单位去完成，逐步推行管办分离，政府与市场、决策与执行相分离，事业单位取消行政级别、与行政主管部门脱钩或主管部门简政放权，建立产权多元化的现代事业制度，同时，将属于企业管理范围的职能从政府管理中分离出去，交给企业，使其根据市场规律自主发展。

5. 分类推进，分步实施

根据公路事业单位的职能任务进行科学分类，对不同类型的事业单位明确不同的改革目标，采取不同的改革方式，制定不同的管理办法，并依据各地实际情况制定具体改革实施方案，按目标、分类别、照计划、分阶段、分步骤地稳步推进，市级、县(市、区)级公路管理机构在本级政府和交通主管部门的指导下，分级负责组织实施。

## 二、武汉市公路事业单位分类改革的总体目标与阶段性目标

根据党中央、国务院关于地方政府机构改革的总体部署，按照社会主义市场经济体制对政府行政管理的基本要求，与国家分类推进事业单位改革的总体步骤相适应，并结合武汉市公路发展现状及事业单位目前存在的问题，可以从宏观和微观两个角度确定武汉市推行公路事业单位分类改革的总体目标。

（一）宏观目标

建立机构精干、体系完整、职能明确、事权清晰、权责一致、分工合理、决策科学、治理完善、高效协调、执行顺畅、行为规范、监管有力，基本符合社会主义市场经济现阶段发展要求的，有利于提高公路网运行效率、促进全市经济和公路运输生产力发展的公路管理体制和运行机制，形成基本服务优先、供给水平适度、布局结构合理、服务公平公正的中国特色公路事业服务体系。

（二）微观目标

使武汉市公路行业管理职权界定明确，依法治路主体更加清晰，管理职责划分更加具体，让公路管理机构逐渐从公路养护生产性事务中解脱出来，让公路企业集中精力从事公路养护、修建工程，以市场化的方式进行专业化、规范化、机械化养护，提高公路养护资金的使用效益，稳步提高公路养护质量，创造"通、平、美、绿、安"的道路条件，提高为社会、为公众服务的水平和效率。

依据总体目标，当前的阶段性目标是：2015年部署启动武汉市公路系统事业单位分类改革工作；2017年年初基本完成公路事业单位分类工作；2017年起的四年为改革过渡期，因地制宜，实行渐进式改革，先在部分地区作试点，然后再根据试点实施效果推广；2018年，在复位、归并和整合的基础上，承担行政职能的各级公路管理机构和承担养护生产任务的基层养护道班的改革基本完成；到2020年，基本完成武汉市从事公路生产经营活动事业单位的改革，承担公路行政职能的事业单位，政事分开、事企分开和管

办分离取得明显进展，理顺各级政府及有关部门的公路管理事权，"统一领导、分级管理"的公路管理模式基本建立，从事公路公益服务的事业单位在完善治理结构、机构编制、财政支持、人事管理、收入分配、社会保险等方面的配套改革取得一定成效，为实现改革总体目标奠定坚实基础。

### 三、武汉市公路事业单位分类改革的基本思路

坚持以人为本、分类指导、开拓创新、着眼发展、统筹兼顾等原则，实行总体设计、分类指导、因地制宜、先行试点，稳步推进，将整体规划、重点任务推进和阶段性目标实现相结合，实现政事分开、事企分开、管养分开、机制分开、政资分开和人员分开。按照政事分开、事企分开的原则，在规范公路行业事业单位的概念和范围的基础上，对现有不同类型的公路管理机构按统一标准重新定位，清理整顿，调整布局结构，并根据其在社会和经济中的不同作用和功能，进行科学合理的分类；在分类的基础上有针对性地推进改革，以重新构建公路系统的发展体系和运行机制，针对不同类型的公路事业单位，使其承担不同性质的社会任务，实行不同的编制管理办法，采取不同的改革思路，并建立符合各类公路事业单位特点的经费供给渠道、人事管理制度、财务管理规则、领导干部管理办法和社会保障制度。

### 四、武汉市公路事业单位分类改革的工作重点与难点

武汉市公路事业单位分类改革不仅仅是将各个单位部门进行简单的分门别类，还触及体制机制的深层次问题，涉及公路事业单位的管理体制、机构性质、名称、级别与分类、编制管理、职能部门设置、干部人事管理、收入分配、社会保险、财政投入、资产和财务管理、党的建设等多方面内容，需要组织、机构编制、人力资源社会保障、财政、法制等多个部门主体的密切配合，协同推进，形成合力，才能真正达到改革目的，可谓"牵一发而动全身"。在本章第一节已经分析过武汉市公路事业单位分类改革将会面临的各项障碍，而解决这些障碍便是当前分类改革的工作重点和难点所在。

(一)改革的重点

(1)科学划分并理顺各级事业单位的职能和事权,解决跨区管理和事权不清问题;

(2)依据各级事业单位的职能事权划分,科学地整合归并各级管理机构;

(3)确定统一的编制标准,明确各级公路事业单位直属分局的机构编制;

(4)改革成本的控制及经费预算标准的问题。

(二)改革的难点

(1)对部分单位的转企改制问题;

(2)对现有事业单位,尤其是对县(市、区)公路管理部门的人员进行分类分流和合理安置、强化公路管理队伍的建设。

## 第三节 武汉市公路事业单位分类改革的实施方案

为认真贯彻党的十八大、十八届三中、四中、五中、六中全会和相关文件精神、全面落实省政府关于分类推进事业单位改革工作的部署,基于分类改革的指导思想和原则,认真总结多年来公路管理体制改革的成功经验,结合当前武汉市公路发展与改革的实际,针对武汉市公路事业单位管理体制中存在的弊端,依据分类改革总体规划,提出以下武汉市公路事业单位分类改革的实施方案建议。

总体而言,在"十三五"期间,做到公路建设、养护、管理、服务、安全五位并举,以改革创新的精神,推动武汉市公路事业单位分类改革工作,根据各道路的不同功能定位,科学、均衡划分公路养护和管理事权,推行分级养护管理体制。一是要积极应对。成立工作专班,积极主动迎接公路事业单位分类改革,并引导改革向有利于公路事业发展的方向推进,以分类改革为契机,进一步理顺行业管理体制与机制。如,市、区公路管理机构与编制设定、公路综合执法改革、管养分离改革等,推进公路行业发展,努力实现体制机制运行最优化。二是要加强宣传。通过专题座谈会等形式,学习、传达公路行业事业单位分类改革的会议和文件精神,广泛宣传,广纳建议,拓宽改革发展思路。三是要加强调研。清理自身机构及人员编制,提出具体的调整整合意见,学习先行先试各市公路行业分类改革好的做法和经验,拟定本单位的分类建议方案。四是要争取支持。既要加大向省市行业主管部门工作汇报力度,也要加大与地方编制和财政部门协调力度,多渠道反映困扰行业发展的问题和困难,提出合理化的建议,争取各方重视和支持,加大行业人员基本经费保障,弥补市区各级基本支出缺口,维护职工队伍稳定,促进公路行业健康持续发展。五是要理清思路。根据国家、省市分类推进事业单位改革的总体部署,按照政事分开、事企分开和管办分离要求,分类别、分步骤组织实施好事业单位分类改革工作。

## 一、科学划分公路事业单位的类别

严格按照《中共中央 国务院关于分类推进事业单位改革的指导意见》(中发〔2011〕5号,以下简称中发5号文)和《省委办公厅 省政府办公厅印发〈关于事业单位分类的实施意见〉的通知》(鄂办发〔2013〕30号)的具体要求,立足维护公路行业发展大局,坚持"总量控制、整体推进、分步实施、统筹协调"的原则,结合武汉市公路事业单位兼有多种属性和不同类别特征的实际,按照社会功能,将武汉市公路行业现有事业单位划分为承担行政职能、从事生产经营活动和从事公益服务三个类别,并按照政企分开、政事分开的要求,科学界定交通运输管理主管部门、公路管理机构及经营管理单位的职责,进行组织结构改革重组,实行事企分开、管养分离。

(一)承担行政管理职能的事业单位

这是指根据国家有关法律法规和中央有关政策规定,完全或主要承担行政决策、行政执行、行政监督等职能的事业单位,其经费来源完全依靠国家财政拨款,属于准行政组织。省、市、县(区)三级公路管理机关和路政部门应依据《中华人民共和国公路法》《公路安全保护条例》等法律法规和规章规定来行使公路行政管理职责。

在分类改革工作中,应当将分散的公路行政管理职能适度调整集中，并由一个部门统一行使，建议在市公路管理处纳入承担行政职能事业单位的基础上，市级公路管理机构设置不作调整，保留市路政支队和县（区）路政大队（与各级公路管理机构实行一门两牌），业务隶属于本级公路管理机关的路政科（股），未设立路政机构的增设路政科（股），行使路政管理职能。市、县（区）两级公路管理机关（含路政和超限治理）应严格按照要求将原有的从事公益服务和生产经营活动的职能剥离出去，并按照《公路安全保护条例》第五条"公路管理机构行使公路管理职能所需经费纳入本级人民政府财政预算"的规定予以落实，列入承担行政职能的事业单位，逐步划归或转变为独立行使行政职能的公路行政机构，机关人员纳入公务员序列管理，经测算，建议我市公路系统此类别编制应控制在2400人以内。

(二) 从事生产经营活动的直属单位

这是指所提供的产品或服务可由市场配置资源、不承担公益服务职责的事业单位。市以下各级公路管理机构的直属单位中，从事工程试验检测、工程监理咨询服务及物资材料供应等活动的部门，应将其生产经营职能从原事业单位中剥离出来，划入从事生产经营活动类别，并实施转企改制；公路工程建设（施工）项目一律转化为市场化运作，原有施工企业直接参与市场竞争；公路养护引入竞争机制，通过合同、委托等方式向社会购买。建议各级公路事业单位在本级人民政府、财政部门和交通主管单位的指导下，根据自身特点和发展规律，确定从事生产经营活动直属单位改革的内容和重点，拟定改革方案和措施，根据计划逐步实施改革工作，做到妥善全面彻底地实施公路施工、物资供应、监理检测、勘察设计和各类实体经济的分离改制，划转入属地国资委部门或实行股份制民营企业。通过改革，使以生产经营为手段、盈利为目的、自收自支的生产经营型事业单位真正转变为自主经营、自负盈亏、自我发展的独立的企业法人实体和市场竞争主体，单位员工转变为剥离事业编制性质、真正走向市场的企业劳动者。经测算，此类改革涉及人员约210人。

### (三)从事公益服务活动的直属单位

这是指面向社会提供公益服务和为机关行使职能提供支持保障的事业单位。

武汉市公路管理机构从事公益服务的职能主要包括:公路超限治理、公路工程质量监督管理、公路日常养护和小修保养、应急抢险、政府还贷公路收费和公路渡口收费等职能。改革中,市以下各级公路管理机构直属单位的以上公益服务职能应从原事业单位中剥离出来,撤并整合机构,依据职责分类来成立新的从事公益性服务的独立的事业单位。各单位按照要求规定其内设机构、职责任务、编制名额、经费形式等,并根据职责任务、服务对象和资源配置方式等情况,将其细分为两类:不能或不宜由市场配置资源的事业单位,划入公益一类;可部分由市场配置资源的事业单位,划入公益二类。此类改革涉及人员约2053人,其中养护人员约1153人。建议规范人员组成,做好分流工作,在保留原事业编制人员的基础上严格定员管理,严格区分日常养护人员和大中修人员,新进人员一律实行合同制,搞活用工机制。

1. 公益一类事业单位

公路超限检测站是为公路管理机关行使超限管理及执法职能,公路工程质量监督管理机构则是保证公路质量、保障公路安全的职能,这两个提供支持保障的部门资源不宜由市场配置,财政给予经费保障,纳入财政预算,按要求纳入公益一类。

2. 公益二类事业单位

公路日常养护和小修保养、应急抢险、公路基础科研、试验检验机构、政府还贷公路收费站及公路渡口,具有公益性和社会职能,其资源可部分由市场进行配置,但由于涉及公益服务职能,不能全部由市场资源进行配置,需要政府的支持与投入,财政根据公路列养里程及渡运车流量,从燃油税中给予财政拨款,按要求纳入公益二类。

建议将公路日常养护和小修保养、应急抢险和政府还贷收费等职能合并,成立市(州)、县(市、区)公路养护应急保障与管理服务中心,继续保留在事业单位序列,各级公路事业单位可在参考分类建议的基础上，结合自身发展实际自主选择公益一类或公益二类，并按照要求规定其内设机构、职责任务、编制名额、经费形式等，逐步推进公路养护等公益事业政府购买服务方式。

## 二、承担行政管理职能事业单位的改革——重在调整机构、职能和编制

对承担行政管理职能的公路事业单位的改革应当按照政事分开、事企分开和精简、统一、效能的原则，从整合规范机构设置，调整完善职能配置，精简人员编制，加强队伍建设，规范经费渠道和预算标准等方面来开展。

(一)科学划分公路管理事权

现阶段，应根据不同行政等级的公路在公路网中的不同地位和作用，按照建立事权与支出责任相适应的制度的总要求，科学划分武汉市路网中国道、省道和农村公路的管理事权，明确界定各行政级别公路交通部门的权责划分，并通过建立事权和支出相适应的制度，出台《武汉市公路管理条例(办法)》等法规来以法定形式明确及界定国省干线公路及农村公路的管理事权，实行省、市、县三级管理。

1. 明确国省干线公路管理事权

国道(包括国家公路和普通国道)为跨越大区域的国家干线公路，省道为跨越地市的省级干线公路。各单位要正确理解《公路法》关于"县级以上地方人民政府交通主管部门对国道、省道的管理、监督职责，由省、自治区、直辖市人民政府确定"的立法精神，合理界定国道、省道管理事权。国省干线公路在公路网中起到主骨架的作用，具有全省性政治经济意义，为应对自然灾害等公路交通重大突发事件的需要，原则上应由省交通运输厅或省公路管理局或其分支机构负责统一管理。其中，国道采用中央和地方共建模式，其管理是中央、省共同事权，应以省级主管部门负责为主，中央人民政府给予资助，而不得将其管理权限下放到市县一级；跨区域省道，由省交通运输厅或省公路管理局主管部门负责，也不宜层层下放；行政区划内省道(未跨区域)由各市(州)、县(市、区)公

路主管部门负责,省级公路部门负责指导监管、服务工作。省和各地按照事权划分承担相应支出责任。省可以通过安排转移支付将国道或者跨区域省道部分事权支出责任委托地方承担。

2. 落实农村公路管理事权

根据《公路安全保护条例》《国务院办公厅关于转发农村公路管理养护体制改革方案的通知》(国办发〔2005〕49号)的规定,省级人民政府主要负责筹集农村公路养护资金,省级交通运输主管部门负责编制下达农村公路养护计划,统筹安排和监管农村公路养护资金;市级人民政府是农村公路管理养护工作的责任主体,其交通主管部门具体负责管理养护工作,市级交通主管部门所属公路管理机构具体承担农村公路的日常管理和养护工作。农村公路(包括县、乡道、通村公路)对县域经济发展具有决定作用,应明确为归地市县、乡级公路交通部门负责,农村公路事权支出责任由县级地方政府负责。在改革中,要完善农村公路养护管理体制,在落实各县级人民政府主体责任的基础上,以乡(镇)即将设立农村公路管理所为契机,进一步明确养护管理责任,落实养护管理机构、人员和资金,发挥好县、乡、村三级养管力量的作用,提升农村公路养管水平。各级政府要进一步落实农村公路管理养护的主体责任,将农村公路管养经费纳入本级人民政府财政预算,将工作成效纳入政府考核内容,同时明确和落实乡镇政府农村公路管理、养护、保护以及管养资金筹措等职责,构建分工明确、组织到位、保障有力、运转高效的农村公路管理养护体制机制,促进农村公路健康发展。

(二)整合规范公路管理机构设置

以法律、法规或相关规定为依据,区分不同情况,实施撤销、合并、转型等改革,使保留的行政执行类事业单位既适应执法监督、行政管理的需要,又符合精干高效的原则。对完全承担行政职能的事业单位,把相关职能或机构纳入到行政管理序列,逐步转化为行政机构。部分承担行政职能的,要按照政事分开的原则,将其行政职能与有关单位的职能进行整合。凡有法律法规依据的职能原则上划归到行政或行政事务机构,相应收回行政编制。对职能交叉重复或职能单一、设置分散的单位,要予以归并重组,综合设置。

对承担行政管理职能依据不足的予以撤销。部门或系统重复设置行政执法机构的，要合并为一个机构，实行综合执法。如城建系统各执法机构可以考虑合并设置城市管理执法机构。

科学确定并规范公路管理机构的名称，在统一的组织结构模式下，统一机构名称、标识、规格及内设机构。市级机构：武汉市公路管理处；县(市、区)级机构：××县(市、区)公路管理局。公路管理机构的行政规格，应该根据其职能和交通主管部门的级别来确定，既要符合其公路行政职能的要求，又不能与上级以及同级交通主管部门的行政规格相冲突。各级公路管理机构的行政规格一般不能超过其上级或同级交通主管部门的行政规格，最佳规格是小于同级主管部门半格。市级公路管理机构：路政管理支队、公路养护处、治超管理处以及其他办事处；县(市、区)级公路管理机构：路政管理大队、公路养护科、治超科以及其他派出机构。实践中需要派驻机构进行管理的，可以根据管理工作内容、责权范围、管辖区域等设置相应的办事处。同时要根据公路管理的专业特点，因应急抢险、备战保障等需要，各级公路管理机构可对安全监督处(应急办公室)进行整合，设立"公路养护与应急保障中心"，继续保留在事业单位序列，承担统一调度、专业指导、技术保障等公益管理职能。

(三) 调整完善公路管理职能配置

市级公路管理机构依据《公路法》《公路安全保护条例》等法律法规规章文件，依法承担全市行业计划、路政管理、养护(绿化)、建设、应急处置、费收、公路监管、涉路行政审批、公共服务、公路相关数据统计等行政管理职能，无从事公益服务及生产经营活动的情况；县(市、区)公路事业单位由局机关及直属二级单位组成，既有行政管理职能，又有生产职能，还有公益服务职能，属混合型事业单位。各机构管理机关依法承担行政职能，二级直属单位中，路政支队(大队)履行行政管理职能；政府还贷收费站、治超站、养护中心等承担公益服务职能；路桥公司、工程建设公司、监理咨询公司及道路油供应站等承担生产经营职能。

根据分解的县(市、区)公路管理局三块职责，分别设立、组建相应机构，明确职能定位，界定各自类别，分类进行改革。一是保留各区公路管理局，名副其实，单纯履行行政管理和执法职能。定为承担行政职能类事业单位，按照国家行政体制和机构改革进程，逐步将其行政职能归并到交通运输管理部门。二是设立区公路养护中心，暂为区公路管理局下属事业单位，履行公路养护公益职责，提供公路养护技术服务。定为公益一类事业单位，随着公路管理局的机构改革，逐步划归交通运输管理部门所属。具体的养护公路行为，应以政府所划拨养护经费向社会购买服务进行落实。三是组建筑路工程公司，脱离公路管理局，独立市场化、股份制运作，利用现代企业管理手段，尽力发展壮大。重新设立组建机构后，公路管理局和公路养护中心经费性质应为财政拨款，税费改革时所核定公路养路费返还基数应当废止，重新按照实际公路里程预算核拨公路养护费，不再包含人员经费，理顺事业经费和人员经费核拨渠道。

(四)严格控制编制，强化人才队伍建设

对公路人员编制重新进行正确合理的核定，参照2010年交通运输部颁布的《公路劳动定员》(JT/T772—2010)标准，结合本地区现有列养公路里程和广大人民群众的出行需求和对公路公共服务水平的要求，基于对公路行业管理职能和业务量的科学界定，重新核定武汉市各级公路行政类管理机构人员编制(含管理、路政、生产技术等人员)，以对武汉市公路编制管理提供规范和指导。各地新增编制需报上级公路管理机构审核备案。

重新设置机构、划分人员后，公路管理局人员和养护中心人员数量，不一定与当前形势需求相适应，可能存在或多或少的问题。为进一步深化改革，提高工作效能，建议上级根据各地管理的公路里程、车流量、公路等级等因素研究制定公路系统相关单位相对科学、统一的核编标准，重新核定相关单位编制数量，根据公路管理局和养护中心超编缺编情况，在全县事业单位内统筹谋划调剂，切实理顺公路系统运行机制。

根据职能的调整情况，科学设置岗位，在保证正确、及时、高效地履行执法监督与行政管理职能的前提下，按照精简和效能的原则合理配置人员，严格控制编制规模。作为事业单位的市公路管理处、县(市、区)公路管理局(所)、路政支队、路政大队、超限运输检测中队等要建立健全事业单位全员聘用制、公开招聘制和岗位管理制度，通过类似于公务员录用制度的考试办法来公开选拔优秀的公路管理人员，控制人员规模，改善公路管理人员的学历、专业技术、职称等结构问题，提升人才队伍的整体素质，将公路管理人员转为公务员或"参公"人员，以提高公路管理效率和管理水平，同时推进事业单位分配制度改革，合理拉开收入档次，使分配向绩效和关键岗位倾斜，激发职工的工作积极性和主动性。

结合武汉市公路列养里程和交通流量，参考部颁劳动定员标准，按照市公路管理机构100人/局(处)、直管市和县(市、区)公路管理机构75人/局(处、段)的标准(含路政人员)，建议武汉市公路行政管理人员数控制在300人以内。

表5-1反映了不同类型的公路局合理确定单位的职工和人才的数量标准：

表5-1　分类型地市级公路局合理的职工和人才资源总量表

| 里程划分 | 纯管理型 | | | 管理与生产结合型 | | |
|---|---|---|---|---|---|---|
| | 职工数(人) | 人才数(人) | 人才密度 | 职工数(人) | 人才数(人) | 人才密度 |
| 1000km以上 | 250以下 | 150左右 | 60% | 1000以下 | 400左右 | 40% |
| 1000~500km | 200以下 | 150左右 | 70% | 600以下 | 300左右 | 45% |
| 500km以下 | 150以下 | 100左右 | 75% | 500以下 | 250左右 | 50% |

(五)统一规范经费和预算标准

管理经费主要包括治超经费及运营经费、基础建设经费、养护管理经费、小修保养费、人员工资福利等多种。目前，诸多自收自支的县(市、区)公路管理机构管理经费及养护资金保障严重不足，公路管理活动难以展开。虽然《公路安全保护条例》第5条已经规定应当将公路管理、养护所需经费纳入各级人民政府的财政预算，但在进一步落实预算过程中，并没有明确公路管理经费拨付标准，这给各地财政部门制定公路管理经费计划带来很大困难。因此，在分类改革过程中，应参照国家公务员制度管理，事业经费和人员经费列入财政预算，全部由国家财政负担，其行政性收费和罚没收入全额上缴财政，实行国家机关的财务管理制度，一律实行"收支两条线"的经费管理形式，并采取有效措施统一各级公路管理机构及省干线公路管养经费拨付标准，并明确来源渠道。具体可参照交通运输部颁发的有关公路的各类预算编制办法，湖北省交通厅颁发的《湖北省公路工程基本建设项目概算预算编制办法》《湖北省公路工程预算定额》及《湖北省公路工程预算补充定额》等。

从预算评估与反馈、预算决策机制、执行机制、监督机制方面来加强省级公路管理机构对公路养护专项经费的预算管理，应该以上年度的预算执行情况为基础和参考，综合考虑影响养护收入增减的各种因素以及各项相关费用来编制公路养护收入预算。同时，在每年年初应当根据上一年度养护费用支出情况，核算确定出本年度在养护材料、人员薪酬等方面的基本支出预算。另外，公路管理机构还应该充分考虑各级机构的经济实力，对于必要的项目支出费用，需要科学分析其风险，并对项目进行可行性论证，严格审核，作出合理的预算。

## 三、从事生产经营活动事业单位的改革——重在"一个退出"、"两个转变"

此类单位改革的基本要求是：以清产核资为核心，以转企改制为目标，根据"政事脱钩、职能分离"的原则，按照机构法人化、服务社会化、管理企业化的方向，积极推进单位产权制度改革，实施转企改制，使其退出事业单位序列，按照企业机制运作，成为自主经营、自负盈亏、自我约束、自谋发展的企业法人实体和市场竞争主体。

### （一）加快推进转企改制

整合资源，保障路桥公司发展壮大。新组建路桥工程公司生命力的强弱，将是公路系统改革成败的关键。鉴于县(市、区)级公路工程队伍资质低、人员少、竞争力弱等劣势,建议全市统筹考虑公路系统工程队伍改革,由市公路局工程队伍整合各县(市、区)工程队伍,组建资质高、队伍精的总公司,各县(市、区)的队伍可作为分公司运作,增强改制公司市场竞争力,使各县(市、区)改制公司抱团发展壮大,为改革注入新的生机活力,具体做法如下:

(1)明确专门机构负责转企改制事宜。过去转企改制由事业单位主管部门分头管,事企不分问题仍然存在。建议学习国有企业改革经验,由专门机构专职负责改革工作。

(2)各级公路管理机构应周密制定从事生产经营活动事业单位转企改制工作方案,所属企业按规定解除与原公路管理机构的行政隶属关系,不再保留事业单位性质,核销事业编制,划转入属地国资委部门或实行股份制民营企业。依法与在职职工签订劳动合同,建立或续接社会保险关系。要按现代企业制度要求,深化内部改革,转变管理机制。

(3)明确产权关系。按照有关规定对转制单位进行资产清查、财务审计、资产评估,核实债权债务,界定和核实资产,明确公路管理机构和改制的公路企业的产权关系,在此基础上建立归属清晰、权责明确、保护严格、流转顺畅的现代产权制度,同时还要对转企改制后企业的财政、税收政策进行改革。

(4)建立现代企业制度和经营机制。如果以原来公路事企不分的经营机制和运行方式来管理公路企业,行政干扰过大,则会使公路企业生产要素作用力、执行力大打折扣,经营风险相应扩大,产生低效率、潜流失、管理失灵的现象,因此,在分类改革中,应按照市场经济的要求,采用符合市场规律的科学的现代企业管理制度和运营模式,在公司文化建设、内控制度、管理体制、运行规则、决策方式等各个方面真正实现"转企改制",由单一产权主体向多元产权主体过渡,改变单一的独资或全资公司体制,建立公司制度和股份合作制,完善法人治理结构,使出资人的职责到位,在股东会、董事会、监事会的有效监管下,努力管好股东权益资产,充分搞活经营方式,全面展开市场竞争,有效构建人员的薪酬激励体系,真正实现产权明晰、机制灵活、管理科学、流转通畅的公路产业蓬勃发展的目的。

(4)分类推动公路养护市场化改革,着力建立市场机制,培育市场主体,逐步将公路养护领域适合的事项从"直接提供"转由向社会"购买服务",建立政府与市场分工合理的养护生产模式。对国省道日常养护、小修保养、灾毁抢修、应急保通等公益服务性养护任务,由公路管理部门下属的事业性基层养护组织机构承担,或通过竞争谈判等方式引入社会专业机构承担,对国省道养护大中修工程、预防性养护工程等具备市场提供服务条件的养护任务,在建立和规范市场管理机制的基础上交由市场承担;农村公路专业性养护工程以政府购买服务的方式交由市场承担,日常保养通过沿线村民承包等方式确立稳定的群众养护队伍。

按照管养分离原则和社会化、专业化要求,建立"管养分离、专业重组、养护为主、市场运作"的公路养护管理体制,将养护部门与机关剥离,组建养护中心,打破原来"公里定员、等级投入"的计划管理模式,根据公路实际情况核定养护工程量和养护人员,进而确定养护经费,养护中心实行全员合同制,中心主任竞争上岗,所有人员双向选择,实行定人员、定路段、定工作量、定标准、定经费的"五定"管理,将现有的养护人员1153人进一步精简剥离。

(二)依法进行资产清算与处置

依法进行资产清查、审计、评估、确认和产权界定。市公路管理处、各公路管理局(分局)、公路管理所只保留非经营性的公路资产,将原有的经营性资产独立出来,并采取公开招标竞价等方式将其经营权出售和转让到公路企业,出售、转让资产所得要上缴财政、单位主管部门或授权委托部门,专户储存,用于支付改制单位的改革成本。生产经营类事业单位向企业转制以后,成为完全独立的市场主体,实行自主经营,按市场化的方式来运作,实现国有资产的保值增值,政府不能再采取直接投资的办法提供资金保障,但仍可以通过优惠政策和提供贷款等方式来扶持其发展。由市公路管理处作为国有公路资产监督管理机构履行出资人职责,严格按照政资分开的原则监督管理，统筹考虑，合理划分资产。

在具体操作上，要进行清产核资，做到账账相符，账实相符。企业改制时，必须清偿改制前企业拖欠职工的负债（包括工资、生活费、医疗费、公积金和补缴欠缴的社会保险费用等）。改制前企业用国有净资产变现收益清偿对职工的负债、支付职工经济补偿金和一次安置费，由此所造成的账面国有资产减少，应按规定程序报批后冲减改制前国有资本。对现有的公路资产科学核算，对三年以上应收款等债权予以逐笔确认，对明显收不回的予以核销，对公路管理机构财务投资予以对账，对过去名义上出资而实际并未真正出资的，产生投资和实收资本不一致的，可以采取补足资本或公司减少资本金方式解决。总之，要让公路事业法人主体和企业法人主体的财产边界清晰，真正做到明晰产权，在保证所有权控制的条件下，形成完整独立的事、企法人主体地位。

（三）妥善处理员工分流安置工作

历次改革中，在职人员分流是难点，尤其当前公路系统人员全部是一种编制，人员常年在多个岗位流动，要划分成三个队伍，难度更大。作为企业的各地路桥建养公司、机械化养护站、中心试验室、委托代管的收费站、砂石料场，要建立与市场经济体制和现代企业制度相适应，能够充分调动职工积极性的企业人事管理制度，实行按劳分配和按生产要素分配相结合的分配办法，形成人员能上能下、职工能进能出、收入能增能减的机制；要对职工实行定量考核与定性评价相结合的考评制度，根据经营目标和岗位职责特点，确定统一的量化考核指标，按人岗匹配、公平竞争原则，根据考核结果公平分配在编人员，并将编外优秀的人员吸纳进来，直到编制满额，并对纳入编制的公路管理人员实施"参公管理"；要认真研究制定事业单位未聘人员安置办法，按照年龄、工龄、资历和专业技术能力等各个方面，提出分流安置意见，明确相应的待遇和必要的补偿，有条件的情况下，可以将其推荐到公路方面的公共事业单位或企业，并适当地给予一些经济补偿，也可在贷款、税收、社会津贴等财政补助方面给予政策倾斜，鼓励其自主创业或重新选择其他事业单位岗位；在离退休待遇方面，实行老人老办法，新人新办法，允许一部分老职工在改制前按照事业单位待遇办理退休和内部退养手续，做到"老有所养"；转制前已离退休人员，原国家规定的离退休费待遇标准不变，支付方式和待遇调整按国家有关规定执行；转制前参加工作、转制后退休的人员，基本养老金的计发和调整按照国家有关规定执行，保证离退休人员待遇水平平稳衔接。在医疗保障方面，离休人员继续执行现行办法，所需资金按原渠道解决；转制前已退休人员，转制后继续按规定享受职工基本医疗保险、补充医疗保障等待遇。有条件的转制单位，可按照有关规定为职工建立补充医疗保险和企业年金。改革后要进一步做好离退休人员的服务管理工作。

在前期调研中，通过与各区公路管理局干部、职工座谈，均认为如果在资产配置方面有所倾斜，职工考虑个人能力、适合岗位及发展希望，能够破解人员划分的难题。一是科学设置岗位条件。根据职责要求，承担行政职能的公路管理局的人员应首先具有干部身份，履行公益职责的公路养护中心人员应以公路工程技术人员为主，新组建筑路工程公司主要吸收工程技术人员和工人身份人员。二是用资产置换身份。核算当前工程处筑路设备和基地资产，适当用于新组建筑路工程公司的开办资产，也可转换成改制职工的公司股份，以保障改制职工合法权益为前提，以新组建公司顺利运转为目的，更要以扶持公司发展壮大为导向，通过倾斜资产分配，付出合理改革成本，让改制职工感到有保障、有希望、少顾虑，促使职工接受由事业人员身份向企业人员身份的转换。三是尊重个人意愿。通过科学设置岗位条件、向养护中心尤其是筑路工程公司倾斜资产的做法，职工个人综合考虑个人身份、专长、岗位感情和发展希望后，尊重个人意愿，稳妥将全体职工划分成三支队伍，为公路管理局人员和养护中心人员重新开具编制，为改制人员销编减人。

### 四、从事公益服务活动的事业单位的改革——重在整合资源、改善监管

此类单位改革必须坚持"公益事业发展由政府主导"的方向，从实现社会公共利益和长远利益出发，按照"政事分开"的原则，

厘清职能范围和关系，重点从调整布局、转换机制、规范管理等方面进行改革，使其逐步转换为具备非政府、非企业、非营利性特点的组织，充分发挥非营利组织的自主性和自制性。

(一)优化整体布局结构

按照"区域覆盖"和就近服务的原则，结合各专业门类的不同特点，调整布局结构，整合资源优势。具体做法包括：对职能任务相同、相近或重复设置的，要进行整合，打破部门和条块界限，提高资源利用效率。对职能萎缩、设置过于零散、规模过小、服务对象单一的，要予以合并。对长期不出成果、产出效益差和长期未配备工作人员投入运行的，要予以撤销。对能够通过市场运作方式实现产业化运营的，要予以放开，鼓励社会力量在国家许可的社会事业领域兴办社会公益事业，减轻财政压力，鼓励具备条件的事业单位实行跨部门、跨行业、跨地区、跨所有制性质的联合，组建多种形式的经济、服务实体。养护管理站、应急中心、政府还贷收费站和公路渡口所作为各级公路养护与应急保障中心的内设机构，与公路超限检测站履行本级事业单位的公益服务职能。优化调整公路养护基础设施，根据区域路网特点和自然灾害频次，对现有的基层养护管理站进行改组、合并，成立相应的公路养护应急中心，并配置必要的设备和机械，承担应急抢险、日常养护和小修保养等公益性较强的服务职能，提供基本的日常公路出行服务保障，发生重大自然灾害时作为应急救援力量进行公路抢通保通。优化调整超限站点，按照省政府"统一规划、合理布局、总量控制、适时调整"公路超限检测站的设置原则，以及《公路安全保护条例》的规定，结合武汉市治理超限运输工作实际，在现有治超站点基础上，按照各县(市、区)均要设立治超站所的布局要求，优化调整布局结构。

(二)规范责任主体

按照转变政府职能和简政放权的原则，使武汉市公路社会公益类事业单位逐步从行政单位分离出来，扩大其在业务运营和用人、分配等方面的自主权，从组织观念、职能范围、活动方式、管理体制各方面加强法人资格管理，在法律法规范围内和执行上级有关政策规定的前提下，拥有发展决策权、用人权、财产权、收益分配权与内部管理权，进一步探索建立理事会、董事会、管委会等多种形式的事业法人治理结构，完善内外部管理体制和事业法人登记管理制度，建立健全决策、执行和监督机制，提高运行效率，确保公益目标实现。政府对其监督管理，主要采取政策引导、依法监督、行政指导、提供服务等宏观管理和指导的方式，对其具体的日常服务活动不再直接管理和干预。

(三) 改革经费管理形式

改变武汉市公路社会公益类事业单位单一依靠国家投资、政府举办、财政支持的状况，允许并积极引导社会组织及个人资金以合作、参股等形式进入基础性、公益性社会事业领域，逐步形成举办主体的多元化，依靠社会力量提供公路服务，繁荣公路事业。今后政府的经费投入方式要以支持项目为主，对经费主要靠财政拨款的事业单位实行经费与人员编制挂钩包干、超支不补、结余留用的预算管理办法；对其他事业单位建立政府财政定额或定项补贴和公益服务收费相结合的运营成本补偿机制与经费管理方式，鼓励和推动其进一步拓展服务领域，增强面向市场自我发展的能力。

(四) 深化人事制度改革

机渡人员和费收人员将随着公路桥的建设和收费公路的减少而逐渐减少，因此，如何做好公益类直属单位，尤其是日常养护和大中修人员的定员工作，将是本次公路事业单位改革工作的重中之重。建议对武汉市养护人员进行调研，并结合颁布的相关标准出台湖北省养护定员标准，规范临时工管理，清理不规范用工等问题，同时，整合养护道班，提高机械化水平，提高养护效率，从而既有效地控制日常养护人员总量，又保证公路日常养护工作高质量、高效率完成。

在确保公益类事业单位人事管理基本制度的前提下，根据不同类型事业单位特点，探索有所区别的人事管理办法。对于公益一类事业单位，严格按照编制实行岗位总量和结构比例控制，并按照实名制，落实持证上岗和上级主管部门备案审核制度，加强对"进、管、出"等环节的管理；对于公益二类事业单位，以编制为基础核定岗位总量和结构比例，在岗位设置、公开招聘等具体环节上，适当考虑事业发展，赋予单位相对灵活的人事管理权。做到区分不同事业单位特点，实行不同的定编和用人方式，逐步弱化人事管理与编制管理之间"一体化"的管理模式。

## 五、加强改革成本的测算、筹措与控制

改革的前提条件是解决成本问题。在改革方案制定过程中，各级主管部门要注重对改革成本进行科学测算和估计，尤其是在对从事生产经营性事业单位的资产清算及员工分流工作中，要通过选取一定单位样本，对其资产状况（其中主要是净资产数额、资产的现有状态）、人员年龄性别状况、人员工资、福利水平、社会保险交纳状况及其他负担情况进行较为详细的调查摸底，设定几套不同的方案，分别测算不同政策口径的改革成本账，并考虑该政策体系的相互配套性及改革成本的合理性、可行性（使成本的筹集和使用之间留有一定的余地），以此确定最终改革方案。

从目前武汉市公路行业状况来看，改革成本比较大，主要是人员分流安置的比例比较高，在改革进程中，可以通过多渠道来筹措改革成本，如远期利益成本垫付、原有资产重组、变现、政府土地变现和财政调节、垫支等，并且规范改革成本支出，明确筹措的改革成本主要用于职工分流补偿和相关社会保险费用的支付，并严格按照经测算和核准的成本额按规范程序支付，确保及时准确，专款专用。

## 六、完善分类改革的配套措施

在实施上述各项改革措施的同时，还要努力完善和全面推行相关的配套措施，以确保武汉市公路事业单位分类改革按照"分类指导、分业推进、分级组织、分步实施"的方针稳妥推进。

（一）推进社会保险制度改革

根据国家统一部署，参照湖北省事业单位养老保险制度的有关政策，充分考虑保障水平与经济发展水平及各方面的承受能力，建立社会统筹与个人账户相结合的基本养老保险制度。事业单位工作人员基本养老保险制度改革实行社会统筹和个人账户相结合的模

式,养老保险费由单位和个人共同负担,单独建账,实行省级统筹,基本养老金实行社会化发放。按照老人老办法、新人新制度的原则,妥善解决新老退休人员待遇水平的平稳过渡。

(二)加强法制化建设

依据十八届四中全会依法治国的基本精神,结合发达国家公路管理体制改革的法律法规化路径经验,武汉市公路事业单位分类改革进程中应该以法律法规代替行政命令,以完善的法律法规作为转变公路管理机构性质、整合优化职能资源的基本前提,进一步完善公路法律法规,积极修改地方性公路管理条例,加快建立、健全其他配套的法规和规章体系,明确公路管理机构的法律身份和职责;加强公路行政管理、市场管理方面的规定和办法,按照《行政许可法》的规定和要求,对政府的各项审批进行清理,减少审批事项,约束政府行为,实现行政机构性质,管理体制及各个要素、程序的法定化,确立法律手段为主、行政手段为辅的综合管理方式。

(三)健全现代市场体系

厘清政府、企业、社会在建设及运营过程中的相互关系。在事企分开的基础上,通过对养护资金使用的市场化管理,包括优先项目确认,质量保证体系采纳,养护公司施工质量比选,以及合适的道路养护技术的评估,引导企业按市场化方式运作,使得企业的负责程序加强,政府在市场的基础作用之上,通过经济手段和市场运作方式来实现对公路事业单位的导向、支撑及监督作用。

(四)改进信息化管理和服务方式

改进和提高管理硬件和信息系统的配备,包括电子政务、办公自动化、公路信息系统及实现公路智能化和公路建设养护的机械化。在公路管养过程中,依法建立并不断完善公路服务监管网络平台,各级公路管理机构采用先进的检测设备对公路网进行动态监管;利用先进的信息技术对公路突发事件进行动态监测,认真做好应急预警工作,有效搜集、汇总有关公路各方面的即时信息,并通过电视、移动传媒、电台广播、网络等多种传播媒介及时向公众公开发布公路实时动态,以便公众依据即时信息调整出行计划。

总之，武汉市各级公路管理部门要认真学习领会中央和省委省政府的精神，立足行业发展，从建设服务型政府和促进交通运输健康发展的高度充分认识推进公路事业单位分类改革的重大意义，切实增强责任感和紧迫感，结合自身改革要求，争取各级地方政府领导与支持，坚定不移地进行改革。

# 第六章　湖北省公路行业事业单位分类改革的政策建议

为认真贯彻党的十八大、十八届三中、四中、五中、六中全会和相关文件精神、全面落实省政府关于分类推进事业单位改革工作的部署，基于分类改革的指导思想和原则，认真总结多年来公路管理体制改革的成功经验，结合当前湖北省公路行业发展与改革的实际，针对全省公路事业单位存在的弊端，本书依据前文制定的总体规划，提出了全省公路事业单位分类改革的初步意见和政策建议。

## 第一节　分级优化公路事业单位的机构设置

### 一、正确定位公路事业单位的功能属性

改革的首要任务是依据事业单位分类管理的具体要求，明确各级公路管理机关和所属单位的功能定位和职能属性，只有这个工作做好了，才能真正做到科学合理地确定公路行业各事业单位的职能职责，建立布局合理、结构优化、资源集中、分工明确的新型公路行业公共服务体系。

（一）梳理好层级关系

继续保留省、市（州）、县三级公路管理职能机构。按照"统一领导、分离管理"的原则，省交通运输厅对全省市区公路工作实行统一领导，省交通运输厅公路管理局负责对全省市区公路工作的行政执行，各市级、县（市、区）级公路管理机构则依托现有行政层级设置，部分地区可按照中央减少行政层级，实行"省管县"的精

神要求，探索实行"三级设置、两级管理"的体制模式。

继续维持公路局作为交通运输厅直属机构不变，同时将现有公路局及交通运输厅公路管理职能进行调整整合，梳理职责，相应集中公路管理行政职能中的执行职能，省级公路管理机构具体负责国省干线公路的管理，市（州）公路管理机构在省级公路管理机构的委托授权下负责其行政区域内的公路管养工作，县（市、区）级公路部门具体负责辖区内的公路管养工作。

(二）理顺行政管理机构与事业单位的关系

湖北省在交通运输厅下面，将公路行政管理职能按普通公路和高速公路两条线进行配置，省公路局配置公路规划建议、计划安排、建设、养护、路政、财务、费收等管理职能，省高管局配置高速公路养护、路政、费收等管理职能，符合湖北省公路行政管理实际需要，有力促进了湖北省公路事业又好又快发展。实践表明：按照普通公路、高速公路分别配置公路行政管理职能，有利于提高开放性的普通公路和封闭式的高速公路专业化管理水平。

在改革中，要督促公路行政主管部门继续加快职能转变，创新管理方式，减少对公路事业单位的微观管理和直接管理，强化制定政策法规、行业规划、标准规范和监督指导等职责，逐步推进公路养护等公益事业政府购买服务方式。

对面向社会提供公益服务的公路事业单位，要积极探索管办分离的有效实现形式，逐步取消其行政级别，落实事业单位法人自主权，并保证其依法决策、独立自主开展活动并承担责任。

同时，在本级人民政府和编制部门的指导下，各级公路管理机构要参考交通运输部养护定员标准及省交通运输厅关于超限站人员配备标准等文件，实行满足本地区公路公益服务需求的机构编制管理。

(三）建立健全的法人治理结构

对面向社会提供公益服务的公路事业单位，要积极探索建立理事会、董事会、管委会等多种形式的治理结构，加强其法人资格管理，健全决策、执行和监督机制，提高运行效率，确保公益目标实现。

## （四）准确定位国有资产的监督管理

对国有公路资产的监督管理机构进行准确定位，从归属上划清产权主体，将经营性资产与非经营性资产分开。省公路管理局、各公路管理局（分局）、公路管理所只保留非经营性的公路资产，将原有的经营性资产独立出来，并将其经营权转让到公路企业。由省公路管理局作为国有公路资产监督管理机构履行出资人职责，国有公路资产的监督管理严格按照政资分开的原则：

（1）公路管理机构只履行国有公路资产出资人职责，按照"权利、义务和责任相统一，管资产与管人、管事相结合"的原则，实现国有公路资产出资人代表的权利到位、义务到位和责任到位。

（2）公路管理机构对公路企业国有资产进行监督管理，是依法以履行出资人职责的方式进行，不能以行政方式进行监督管理。即要按照《公司法》规定的基本原则，处理好出资人权益（股权）与企业法人财产的关系，不干预企业的经营自主权。

（3）公路企业要实行自主经营，按市场化的方式来运作，实现国有资产的保值增值。

在具体操作上，要进行清产核资，做到账账相符，账实相符，对现有的公路资产科学核算，对三年以上应收款等债权予以逐笔确认，对明显收不回的予以核销，对公路管理机构财务投资予以对账，对过去名义上出资而实际并未真正出资的，产生投资和实收资本不一致的可以采取补足资本或公司减少资本金方式解决。总之，要让公路事业法人主体和企业法人主体的财产边界清晰，真正做到明晰产权。只有这样，才能在保证所有权控制的条件下，形成完整独立的事、企法人主体地位。

## 二、继续推行"多元化投资、一体化管理"模式

目前在湖北省高速公路管理方面推行"多元化投资、一体化管理"的投资管养模式，在该模式下，省级层面成立若干事业单位性质的高速公路管理处，专门负责经营管理国高网或受托管理其他业主建成高速公路。该模式鼓励各种投资主体参与高速公路建设，形成多元投资格局，有利于高速公路实行统一的行业管理，解决了分

散管理带来的行业资源零散、服务标准各异、应急力量分散等问题，保证了高速公路管理和服务的规范化、标准化，防止了路网功能在局部区域、在单独路段的弱化，有利于提高整个高速公路行业的管理水平和公路使用者满意度。这种模式也是解决事业单位分类改革的基本途径。在改革中，要树立大局观念、发展观念和创新观念，将路政管理定位为准公共机构，或者半公共部门，类似于美国在农业、能源和国防中实行的政策，逐步实现事业单位举办主体和投资主体的多元化，改变过去几十年事业单位靠国家举办，靠国家花钱的"一条腿"走路状况，实行国家、集体、个人一起上，企业、社会一起上，内资、外资一起上的"两条腿"走路方针。在这个过程当中要妥善管理私人资本，要采取有效的管理措施。

### 三、加快推进转企改制

（一）明确专门机构负责转企改制事宜

过去转企改制由事业单位主管部门分头管，事企不分问题仍然存在。建议学习国有企业改革经验，由专门机构专职负责改革工作。

（二）各级公路管理机构应周密制定从事生产经营活动事业单位转企改制工作方案

所属企业按规定解除与原公路管理机构的行政隶属关系，不再保留事业单位性质，核销事业编制，划转入属地国资委部门或实行股份制民营企业。依法与在职职工签订劳动合同，建立或续接社会保险关系。要按现代企业制度要求，深化内部改革，转变管理机制。

（三）明确产权关系

按照有关规定对转制单位进行资产清查、财务审计、资产评估，核实债权债务，界定和核实资产、明确公路管理机构和改制的公路企业的产权关系，在此基础上建立归属清晰、权责明确、保护严格、流转顺畅的现代产权制度，同时还要对转企改制后企业的财政、税收政策进行改革。

### (四)加强国有资产管理

所属单位转企改制后,要按照政企分开、政资分开的原则,逐步与原公路管理机构脱钩,其国有资产各级公路管理机构必须严格按照现行的国有资产监管法律法规,根据省公路管理局的委托,依法履行所出资企业国有资产的出资人职责,规范国有资产产权流转程序。

### (五)建立现代企业制度和经营机制

如果以原来公路事企不分的经营机制和运行方式来管理公路企业,行政干扰过大,则会使公路企业生产要素作用力、执行力大打折扣,经营风险相应增大,产生低效率、潜流失、管理失灵的现象,因此,在分类改革中,应按照市场经济的要求,采用符合市场规律的科学的现代企业管理制度和运营模式,在公司文化建设、内控制度、管理体制、运行规则、决策方式等各个方面真正实现"转企改制",由单一产权主体向多元产权主体过渡,改变单一的独资或全资公司体制,建立公司制度和股份合作制,完善法人治理结构,使出资人的职责到位,在股东会、董事会、监事会的有效监管下,努力管好股东权益资产,充分搞活经营方式,全面展开市场竞争,有效构建人员的薪酬激励体系,真正实现产权明晰、机制灵活、管理科学、流转通畅的公路产业蓬勃发展的目的。

## 四、优化整体布局结构

养护管理站、应急中心、政府还贷收费站和公路渡口所作为各级公路养护与应急保障中心的内设机构,与公路超限检测站履行本级事业单位的公益服务职能。

### (一)优化调整公路养护基础设施

根据区域路网特点和自然灾害频次,对现有的基层养护管理站进行改组、合并,成立相应的公路养护应急中心,并配置必要的设备和机械,承担应急抢险、日常养护和小修保养等公益性较强的服务职能,提供基本的日常公路出行服务保障,发生重大自然灾害时作为应急救援力量进行公路抢通保通。

## (二)优化调整超限站点

按照省政府"统一规划、合理布局、总量控制、适时调整"公路超限检测站设置原则,以及《公路安全保护条例》的规定,结合我省治理超限运输工作实际,在现有治超站点基础上,按照各县(市、区)均要设立治超站所的布局要求,优化调整布局结构。

## 五、整合规范公路管理机构

### (一)规范公路管理机构名称和标识

科学确定并规范公路管理机构的名称,统一公路管理机构标识。按事业单位分类改革的方向和目标,省、市(州)、县(市、区)三级公路管理机构名称应统一为"湖北省公路管理局"、"××市(州)公路管理局"和"××县(市、区)公路管理局",达到科学确定、规范管理的要求。同时,各地根据加强管理的需要,从便于服务社会大众出发,统一公路管理机构标识和外观标志等。同时要根据公路管理的专业特点,因应急抢险、备战保障等需要,各级公路管理机构可对安全监督处(应急办公室)进行整合,设立"公路养护与应急保障中心",继续保留在事业单位序列,承担统一调度、专业指导、技术保障等公益管理职能。

### (二)合理设置公路管理机构

根据各级公路管理机构行政管理职能,整合归并公路管理机构,科学调整内设机构。建议:按照"一件事情原则上由一个部门负责"以及探索实行职能有机统一的大部门体制的行政管理体制改革要求,各级交通运输主管部门原则上只能设置一个承担公路管理的行政机构,统一行使所在级别和区域的公路建设、养护、运营、路政、治超、路网运行监测与应急处置等行政管理职能。对于下属分设的一些职能重复交叉的机构和部门,要根据国办发37号文中"对布局结构不合理、设置过于分散、工作任务严重不足或职责相近的事业单位,予以整合"的要求,逐步进行整合归并。

根据国家有关法律法规和中央有关政策规定,省级公路管理机构纳入承担行政职能事业单位,机构设置不作调整。

省级以下市、县两级公路管理机构在做好分类工作的基础上，附属单位有效剥离后，进行行政职能合并，保留公路规划、公路建设、公路养护、公路路政、超限治理、公路费收、应急抢险等管理职能，保留现有的市(州)路政支队和县(市、区)路政大队(与各级公路管理机构实行一门两牌)等公路行政管理机构，业务隶属于本级公路管理机关的路政科(股)，未设立路政机构的增设路政科(股)，行使路政管理职能。以上承担行政职能的事业单位应严格按照规定程序上报审核备案，按照精简效能原则设置，并逐步转为行政机构，根据现行区划调整各县(市、区)公路管理机构职能，将直属局从市(州)公路管理机构中分离出来，按照一县(市、区)一局的模式成立独立机构，并明确编制，对县(市、区)本级人民政府负责。同时，省以下公路管理机构增设安全监督内设机构，完善各市(州)、县(市、区)安全监督职能。

## 第二节 合理完善公路事业单位的职能配置

严格按照《中共中央国务院关于分类推进事业单位改革的指导意见》(中发〔2011〕5号，以下简称中发5号文)和《省委办公厅 省政府办公厅印发〈关于事业单位分类的实施意见〉的通知》(鄂办发〔2013〕30号)的具体要求，立足维护公路行业发展大局，坚持"总量控制、整体推进、分步实施、统筹协调"的原则，结合我省公路系统事业单位兼有多种属性和不同类别特征实际，按照社会功能，将我省公路行业现有事业单位划分为承担行政职能、从事生产经营活动和从事公益服务三个类别，并按照政企分开、政事分开的要求，科学界定交通运输管理主管部门、公路管理机构及经营管理单位的职责，进行组织结构改革重组，实行事企分开、管养分离。通过分类改革，将湖北省交通运输厅所属的从事公路管理职能和从事养护生产职能的单位和机构分开，让事业与企业分开，使公路管理职能与养护生产职能相分离，各级公路管理机构的管理人员编制由此可大幅度削减，管理职责得到充分落实，管理考核进一步加强，从根本上消除人浮于事的弊端，提高管理效率和办事效率，同时有利于提高三级管理水平,使管理工作向科学化、规范化和专业化方向发展。现分别从承担行政职能、从事生产经营活动和从事公益服务三个类别给出改革建议。

## 一、承担行政管理职能的事业单位

承担行政管理职能的事业单位,指根据国家有关法律法规和中央有关政策规定,完全或主要承担行政决策、行政执行、行政监督等职能的事业单位。省、市、县三级公路管理机关和路政部门应依据《中华人民共和国公路法》《公路安全保护条例》等法律法规和规章规定来行使公路行政管理职责。

中央深化行政管理体制改革的意见指出,"深化行政管理体制改革要以政府职能转变为核心,加快推进政企分开、政资分开、政事分开,把不该由政府管理的事项转移出去,把该由政府管理的事项切实管好,更加有效地提供公共产品",因而,在分类改革工作中,应当将分散的公路行政管理职能适度调整集中,并由一个部门统一行使,以优化、强化、深化公路行政管理工作,提高公路行政管理效能,理顺公路管理主体间的职责功能关系,这有利于进一步体现政府对公路监管的职责和公共服务的内在要求,有利于加大全国公路应急管理的统一指挥和调度力度,有利于充分保证公路的社会公益性和服务性的特质。

因此,建议在省公路管理局纳入承担行政职能事业单位的基础上,省级公路管理机构设置不作调整,保留市(州)路政支队和县(市、区)路政大队(与各级公路管理机构实行一门两牌),业务隶属于本级公路管理机关的路政科(股),未设立路政机构的增设路政科(股),行使路政管理职能。

市(州)、县(市、区)两级公路管理机关(含路政和超限治理)应严格按照要求将原有的从事公益服务和生产经营活动的职能剥离出去,并按照《公路安全保护条例》第五条"公路管理机构行使公路管理职能所需经费纳入本级人民政府财政预算"的规定予以落实,列入承担行政职能的事业单位,逐步划归或转变为独立行使行政职能的公路行政机构,机关人员纳入公务员序列管理,经测算,建议我省公路系统此类别编制应控制在8500人以内。

改革后的市（州）、县（市、区）两级公路管理机关将主要行使公路规划计划、建设管理、养护管理、路政管理、超限管理、规费征收、应急管理及安全监督等职能。其中，市（州）级公路管理局主要进行全市公路的宏观管理，编报好公路事业发展规划、中长期计划，管理使用养路资金，对收费公路的收费职工进行监督管理；县（市、区）级的公路管理分局主要负责路基、路面的招投标工作，负管养里程内公路养护、建设工程项目的日常管理工作；各公路管理所主要负责对路桥建养公司下设机械化养护站完成的养护工程实地计量，做好公路的日常巡查，编报月度公路养护生产计划；各级路政管理机构主要负责所辖公路路政工作，处理违章，保护路产，维护公路养护施工的正常秩序，办理行政复议，参与行政诉讼活动；目前由收费公路管理机构实际行使的路政管理等行政职能，应全部回归省交通运输厅或省公路管理局；事业单位属性的收费公路管理机构应在剥离行政管理职责后，按照公益类事业单位的模式进行管理。

在改革过渡期内，要根据中发5号文和《国务院关于印发分类推进事业单位改革配套文件的通知》（国办发〔2011〕37号，以下简称国办发37号文）的要求，加强与当地机构编制、财政、人力资源社会保障部门的沟通协调，积极推进向行政机构的转化，逐步获得行政主体资格，独立承担行政责任。已经"参公"管理的地方公路管理机构，要适时推进向行政机构的过渡。

通过上述改革后，凡涉及法规政策、标准规范、发展规划等抽象交通行政管理的决策职能，应由省交通运输厅或其授权的公路管理部门集中行使；凡涉及直接从事公共服务和行政执法等具体行政行为的执行职能，如计划、建设、养护、路政、公路投资管理、安全生产管理等职能，应由交通运输厅下设的专业执行局或者单位来履行，行政管理部门可腾出更多精力与时间管好宏观。公路行政管理职能将只能由交通运输厅及其授权的省公路管理局、市（州）公路管理局、县（市、区）公路管理局三级公路管理机构行使，进行剥离重组后的市（州）、县（市、区）两级公路管理机构将不再承担具体的公路养护生产职能，主要承担省管公路的管理、监督和依法治路行政职能，具体包括：贯彻执行国家有关公路工作的各项方针、政策和法规；按照公路事业发展规划、中长期计划，编报所辖公路养护、改建工程项目，组织实施并检查监督；负责所辖公路管理工作，组织制定公路养护有关技术规章、标准、办法并组织实施，开展公路养护工程的招标工作；协助上级有关部门搞好公路战备工作；负责所辖公路路政管理工作，处理违章，保护路产，维护公路养护施工的正常秩序；办理行政复议，参与行政诉讼活动。

## 二、从事生产经营活动的直属单位

从事生产经营活动的直属单位，指所提供的产品或服务可以由市场配置资源、不承担公益服务职责的事业单位。

省以下各级公路管理机构的直属单位中，如从事公路工程建设（施工）、工程勘察设计、工程试验检测、工程监理咨询服务及物资材料供应等活动的部门，从事生产经营活动，所提供的产品或服务可以由市场配置资源，未承担公益服务职责。检验检测、工程监理咨询服务及物资材料供应等活动的部门，应将从事生产经营的职能从原事业单位中剥离出来，划入从事生产经营活动类别，并实施转企改制。公路建设项目一律转化为市场化运作，原有施工企业直接参与市场竞争；公路养护引入竞争机制，通过合同、委托等方式向社会购买。

建议各级公路事业单位在本级人民政府、财政部门和交通主管单位的指导下，根据自身特点和发展规律，确定从事生产经营活动直属单位改革的内容和重点，拟定改革方案和措施，根据计划逐步实施改革工作，做到妥善全面彻底地实施公路施工、物资供应、监理检测、勘察设计和各类实体经济的分离改制，划转入属地国资委部门或实行股份制民营企业。此类改革涉及人员约7700人。

例如，对于从各级公路事业单位中分离出来的从事公路养护和修建职能的生产性机构，可以在当地原有的道路桥梁工程公司的基础上组建路桥建设养护工程公司，主要履行养护、修建生产职能，实行独立法人，独立核算，内部实行企业化管理，生产任务通过投标方式获取。转企改制后，公司在完成公路小修保养任务的同时，可以积极向外拓展业务，参与公路养护工程的公开招投标，并充分运用公路专业机构的人员、技术、经验和机械设备优势，参与省管公路、公路、农村公路和城市道路四个养护与修建的市场竞争，不断拓展生存和发展空间；通过将养路机械设备等国有公路资产划归路桥建设养护公司，使得国有经营性资产能够按市场要求来配置，有利于对现有的养护机械设备等固定资产进行统一管理，综合利用，可以最大限度地发挥资金使用效益，实现公路养护的专业化和机械化；通过路桥建设养护公司实施专业化养护，使养护生产适应社会大生产的趋势，有利于大幅降低养护生产的成本，提高工作效率，以便更好地适应未来发展的需要。

### 三、从事公益服务活动的直属单位

从事公益服务活动的直属单位，指面向社会提供公益服务和为机关行使职能提供支持保障的事业单位。

全省公路管理机构从事公益服务的职能主要包括：公路超限治理、公路工程质量监督管理、公路日常养护和小修保养、应急抢险、政府还贷公路收费和公路渡口收费等职能。改革中，省以下各级公路管理机构直属单位的以上公益服务职能应从原事业单位中剥离出来，撤并整合机构，依据职责分类来成立新的从事公益性服务的独立的事业单位。各单位按照要求规定其内设机构、职责任务、编制名额、经费形式等，并根据职责任务、服务对象和资源配置方式等情况，将其细分为两类：不能或不宜由市场配置资源的事业单位，划入公益一类；可部分由市场配置资源的事业单位，划入公益二类。

#### （一）公益一类事业单位

公路超限检测站是为公路管理机关行使超限管理及执法职能，公路工程质量监督管理机构则是保证公路质量、保障公路安全的职能，这两个提供支持保障的部门资源不宜由市场配置，财政给予经费保障，纳入财政预算，按要求纳入公益一类。

## (二)公益二类事业单位

公路日常养护和小修保养、应急抢险、公路基础科研、试验检验机构、政府还贷公路收费站及公路渡口,具有公益性和社会职能,其资源可部分由市场进行配置,但由于涉及公益服务职能,不能全部由市场资源进行配置,需要政府的支持与投入,财政根据公路列养里程及渡运车流量,从燃油税中给予财政拨款,按要求纳入公益二类。

建议将公路日常养护和小修保养、应急抢险和政府还贷收费等职能合并,成立市(州)、县(市、区)公路养护应急保障与管理服务中心,继续保留在事业单位序列,各级公路事业单位可在参考分类建议的基础上,结合自身发展实际自主选择公益一类或公益二类,并按照要求规定其内设机构、职责任务、编制名额、经费形式等,逐步推进公路养护等公益事业政府购买服务方式。此类改革涉及人员约 19430 人,其中养护人员约 15318 人。建议规范人员组成,做好分流工作,在保留原事业编制人员的基础上严格定员管理,严格区分日常养护人员和大中修人员,新进人员一律实行合同制,搞活用工机制。

此外,依据湖北省交通运输厅 2013 年的《国家公路行政管理职能配置研究报告》,本书列举出了几个重点公路管理机构的设置优化建议:

1. 农村公路养护管理机构设置

目前,在湖北省交通运输厅下已经设立了农村公路管理处,履行全省农村公路行业管理职能。建议在市州层面,在市州交通运输主管部门(市州公路管理局)设立专职的农村公路管理部门,负责本辖区农村公路行业管理工作;各县(市、区),进一步落实县级人民政府的主体责任,成立农村公路管理机构,负责本地区农村公路建设、管理、养护、路政、安全等工作。

2. 高速公路行业、建设、资产及行政执法管理

高速公路行业管理,建议继续深入推广"投资多元化,管理一体化",由高管局代表交通运输厅统一行使高速公路行业管理职能,政府投资的高速公路由高管局负责运营管理,社会资本投资的

高速公路由高管局实施委托管理。鼓励各种经济主体投资高速公路，但各种经济主体投资建成的高速公路(其他公路)必须统一由高管局负责管理，在分类改革中要坚持这一公路管理事业性机构事业属性不变。

高速公路建设坚持"政府主导、市场运作、统一指导、优质高效"的原则，加大政府对高速公路建设的投入，引进社会资本投资建设高速公路，强化交通运输厅对高速公路建设的统一指导。

高速公路资产按照"政府集中管理、属地分级负责、企业规范使用、保持安全完好"的原则进行管理。高速公路及附属设施设备，由高管局实施集中管理，各市州、县(市)(区)交通运输主管部门具体管理，高速公路运营管理单位依法规范使用高速公路资产。

高速公路行政执法管理按照"统一派驻、集中管理、综合执法、分级负责、廉洁高效"的思路逐步推进，通过完善相关法律法规，推进高速公路综合执法改革，实现路政执法、运政执法、交通安全执法统一管理。

3. 城市道路行政管理职能配置

城市道路的管理职能配置可以依据两个方案来分步推行：前期实行"城市主干道路划转"方案，即将城市主干道(快速通道)纳入交通公路部门统一管理，有效对接国省道。其政策、标准、规划、管理、养护等职能统一于交通公路部门，此方案作为近期目标；待时机成熟时，推行"城市道路整体划转"方案，即采用并借鉴深圳交通运输局的城市道路管理模式，将城市道路纳入交通运输部门统一管理，将住建部门的城市道路规划、建设职责整体划转至交通运输部门，此方案作为远期目标。

## 第三节　科学划分公路事业单位的管理事权

基于公共物品的层次性原理，现阶段，应借鉴国外发达国家的经验，根据不同行政等级的公路在公路网中的不同地位和作用，按照建立事权与支出责任相适应的制度的总要求，科学划分全省路网中国道、省道和农村公路的管理事权,明确界定各行政级别公路交通部门的权责划分,并通过建立事权和支出相适应的制度,出台《湖北省国省道公路管理条例(办法)》等法规来以法定形式明确及界定公路行业国省干线公路及农村公路的管理事权,实行省、市、县三级管理。

## 一、明确国省干线公路管理事权

国道(包括国家公路和普通国道)为跨越大区域的国家干线公路,省道为跨越地市的省级干线公路。各单位要正确理解《公路法》关于"县级以上地方人民政府交通主管部门对国道、省道的管理、监督职责,由省、自治区、直辖市人民政府确定"的立法精神,合理界定国道、省道管理事权。国省干线公路在公路网中起到主骨架的作用,具有全省性政治经济意义,为应对自然灾害等公路交通重大突发事件的需要,原则上应由省交通运输厅或省公路管理局或其分支机构负责统一管理。其中,国道采用中央和地方共建模式,其管理是中央、省共同事权,应以省级主管部门负责为主,中央人民政府给予资助,而不得将其管理权限下放到市县一级;跨区域省道,由省交通运输厅或省公路管理局主管部门负责,也不宜层层下放;行政区划内省道(未跨区域)由各市(州)、县(市、区)公路主管部门负责,省级公路部门负责指导监管、服务工作。省和各地按照事权划分承担相应支出责任。省可以通过安排转移支付将国道或者跨区域省道部分事权支出责任委托地方承担。

## 二、落实农村公路管理事权

根据《公路安全保护条例》《国务院办公厅关于转发农村公路管理养护体制改革方案的通知》(国办发〔2005〕49号)的规定,省级人民政府主要负责筹集农村公路养护资金,省级交通运输主管部门负责编制下达农村公路养护计划,统筹安排和监管农村公路养护资金;县级人民政府是农村公路管理养护工作的责任主体,其交通主管部门具体负责管理养护工作,县级交通主管部门所属公路管理机构具体承担农村公路的日常管理和养护工作。农村公路(包括县、乡道、通村公路)对县域经济发展具有决定作用,应明确为归地市县、乡级公路交通部门负责,农村公路事权支出责任由县级地方政府负责。各级政府要进一步落实农村公路管理养护的主体责任,将农村公路管养经费纳入本级人民政府财政预算,将工作成效纳入政府考核内容,同时明确和落实乡镇政府农村公路管理、养护、保护以及管养资金筹措等职责,构建分工明确、组织到位、保障有力、运转高效的农村公路管理养护体制机制,促进农村公路健康发展。

## 第四节 深入改革公路事业单位的人事制度

### 一、人员编制的重新核定

人事制度改革的首要任务是对公路人员编制重新进行正确合理的核定,参照2010年交通运输部颁布的《公路劳动定员》(JT/T772—2010)标准,结合本地区现有列养公路里程和广大人民群众的出行需求和对公路公共服务水平的要求,基于对公路行业管理职能和业务量的科学界定,重新核定全省各级公路行政类管理机构人员编制(含管理、路政、生产技术等人员),以对全省公路编制管理提供规范和指导。各地新增编制需报上级公路管理机构审核备案。

结合全省公路列养里程和交通流量,参考部颁劳动定员标准,按照市(州)公路管理机构100人/局(处)、直管市和县(市、区)公路管理机构75人/局(处、段)的标准(含路政人员),建议全省公路行政管理人员数控制在8000人以内。同时,完善人员进出机制,为公路管理机构增加新鲜血液也十分必要。

生产经营人员在全部在职人员中所占比重较小,有一定改革的优势,建议在省委、省政府和交通主管部门出台政策支持和经费保障的前提下,完成转企改制,做好人员分流和安置工作。

机渡人员和费收人员将随着公路桥的建设和收费公路的减少而逐渐减少,因此,如何做好公益类直属单位,尤其是日常养护和大中修人员的定员工作,将是本次公路事业单位改革工作的重中之重。建议对全省养护人员进行调研，并结合部颁标准出台湖北省养护定员标准，规范临时工管理，清理不规范用工等问题，同时，整合养护道班，提高机械化水平，提高养护效率，从而既有效地控制日常养护人员总量，又保证公路日常养护工作高质量、高效率完成。

各级公路管理部门应逐步达到对人才资源配置管理科学化与规范化，转变传统的重文凭职称、轻业绩考核的观念，制定出科学合理的公路部门人才资源评聘考核制度与规范。人才的成长和作用的发挥要靠机制来保证，要从制度改革、政策调整等多方面建立起适应市场经济体制和人才自身发展规律的新的人才分配激励机制，才能充分发挥人才的使用价值。

从下表我们可以看到，我们应该区分不同的类型的公路局来合理确定单位的职工和人才的数量。

表6-1 分类型地市级公路局合理的职工和人才资源总量表

| 里程划分 | 纯管理型 | | | 管理与生产结合型 | | |
| --- | --- | --- | --- | --- | --- | --- |
| | 职工数（人） | 人才数（人） | 人才密度 | 职工数（人） | 人才数（人） | 人才密度 |
| 1000km以上 | 250以下 | 150左右 | 60% | 1000以下 | 400左右 | 40% |
| 1000~500km | 200以下 | 150左右 | 70% | 600左右 | 300左右 | 45% |
| 500km以下 | 150以下 | 100左右 | 75% | 500以下 | 250左右 | 50% |

## 二、事业身份职工的人事制度改革

作为事业单位的省交通运输厅公路管理局、市(州)公路管理分局、县(市、区)公路管理局(所)、路政支队、路政大队、超限运输检测中队等要建立健全事业单位全员聘用制、公开招聘制和岗位管理制度，推进事业单位分配制度改革，合理拉开收入档次，使分配向绩效和关键岗位倾斜，激发职工的工作积极性和主动性。

## （一）全面推行全员聘用制

转换职工身份待遇、实行人员分开是公路管理体制改革中的重点和难点问题。进行"事企分开、管养分离"后，要平稳地做好事企人员的分离，理顺旧有体制下各类人员的劳动关系，真正实现"谁用人、谁负责"的新型劳动关系。

传统的管理机制按身份对事业单位人事配置是不科学的。在分类改革进程中，要本着"稳定、改革、发展、提高"、"效率优先，兼顾公平"的原则和"优化队伍结构，提高干部素质"的目标，对划分为事业性质的单位积极稳妥地进行人事制度改革，要实行定岗、定编，明确每个岗位的职责和要求、任职条件、岗位职责，全面建立和推行职员聘用制度，把聘用制度作为一项基本的用人制度。要按照分类推进事业单位改革和干部人事制度改革的总体要求，以转换用人机制和搞活用人制度为重点，以推行岗位管理制度为主要内容，坚持宏观管理与落实单位用人自主权相结合，通过制度创新，配套改革，加强法制建设。

对职工按照国家有关法律、法规，在平等自愿、协商一致的基础上，通过签订聘用合同，确定单位和个人的人事关系，明确单位和个人的义务和权利。通过建立和推行聘用制度，实现用人上的公开、公平、公正、竞争、择优，促进单位自主用人，进行全员下岗，竞争上岗，择优录用，双向选择，打破"论资排辈，平衡照顾"的传统做法，保障职工自主择业，维护单位和职工双方的合法权益。通过聘用制度转换事业单位的用人机制，实现事业单位人事管理由身份管理向岗位管理转变，由固定用人向合同用人转变，由单纯行政管理向法制管理转变，由行政依附关系向平等人事主体转变，由国家用人向单位用人转变，增强事业单位的生机和活力。

必须加快干部管理制度改革步伐，取消干部身份和职称的"终身制"，打破干部与工人身份界限，实行干部任用公示制度，提高干部选拔的透明度，扩大民主、完善考核，推进交流、加强监督，公平、公正、择优任用等制度建设，促使一大批德才兼备的年轻干部脱颖而出，人尽其才，才尽其用，以优化各事业单位领班子结构，有效使用干部资源。

## (二)实行竞争上岗、分类管理

引入竞争机制,让员工思想转变,认同改革的必要性和紧迫性,增强危机意识和竞争意识。员工的后顾之忧要解决好,使员工在改革中成为实际受益者,因为改革而造成大量员工下岗,造成队伍不稳定,这不是改革的目的。

针对事业单位普遍存在参照党政干部管理的单一模式,以及职务、身份终身制和人员能进难出等问题,重点要实施"双聘制",即对领导或中层干部职位实行"公开竞职"的聘任合同制,对一般岗位实行"公开竞岗、双向选择"的聘用合同制,将管理人员、专业技术人员、工勤人员全部纳入合同管理,职工与单位的人事关系成为符合市场经济准则的"双方协商,按需聘用"的合同关系。对管理人员实行职员职务等级管理制,对专业技术人员实行评聘分开,对工勤人员实行岗位等级聘用制。

## (三)建立灵活多样的收入分配制度

以完善收入分配机制为核心,健全符合事业单位特点、体现岗位绩效和分级分类管理要求的工作人员收入分配制度。规范事业单位津贴补贴,探索完善符合公路行业发展的事业单位绩效工资的分类管理办法。按照国家和全省统一部署,逐步完善公路事业单位工资正常调整机制和收入分配宏观调控机制。

此外,各级公路管理部门要切实做好人员结构的调整,加强职工的技术业务培训,提高员工素质,营造"能者上、庸者下"的氛围,建立奖励激励机制,调动职工的积极性。以工资分配利益作为激励机制,激发职工工作的积极性,真正体现按劳分配和按管理、技术、责任等生产要素进行分配,提高事业单位整体工作效率。

一方面要使个体了解哪些工作行为、因素是必须被考核的,使其为之努力;另一方面,需要使考核的指标尽量地可操作化和标准化,针对不同岗位、不同工作性质的人员的考核,要尽可能量化,并力求公平、公正、公开。改革分配制度,按贡献大小分配。按照目标任务分类设定职位,主管部门对事业单位实行工资总额控制,由单位按职位工作难易程度、任务量等要素制定职位工资待遇。职位工资不与行政级别、专业技术职务任职资格挂钩,而与职位效益、贡献挂钩。

管理人员实行职员职务等级工资，分为职员职务工资(固定部分)和目标责任津贴(绩效部分)两部分；专业技术人员分为技术等级工资(固定部分)和技术岗位津贴(绩效部分)；工人分为技术工人和普通工人两大类，技术工人实行技术等级工资制，分为技术等级工资(固定部分)和岗位津贴(绩效部分)；普通工人实行等级工资制，分为等级工资(固定部分)和津贴(绩效部分)。无论管理人员、专业技术人员、工人，绩效和工资部分均按照工作条件、工作量、岗位性质、贡献大小确定，为了鼓励优秀人才给予重奖，要建立人才岗位津贴，对硕士以上学历、拥有高级职称、取得国家认可的执业资格的人才按月发放一定数量的岗位津贴。

### 三、企业身份职工的人事制度改革

作为企业的各地路桥建养公司、机械化养护站、中心试验室、委托代管的收费站、砂石料场，要建立与市场经济体制和现代企业制度相适应，能够充分调动职工积极性的企业用人和分配制度，形成人员能上能下、职工能进能出、收入能增能减的机制。要对职工实行定量考核与定性评价相结合的考评制度，根据经营目标和岗位职责特点，确定量化的考核指标，有效地激活用人机制。

(一)做好人力资源分析

以往事业单位管理中的人力资源分析，主要是对职工人数、年龄结构、文化程度结构、职称结构等方面的数字统计，但这些统计数字是完全不够的。目前先进的人力资源分析，已经由过去的"企业有什么样的人力资源"变为"企业需要什么样的人力资源"。因此，**要根据公路养护、修建目标来分析路桥建养公司当前和今后，对专业技术和管理各方面人力资源的需求是多少，各类人员的需求层次结构是什么**。在此基础上，对照现有的人力资源，作一个当前和长远需求间的差异分析。这种内部人力资源的供需分析办法，对事企分开后的路桥建养公司如何在用人机制创新中做到有的放矢，明确企业的用人方向、制定企业人力资源的培养计划非常有益。

## (二)优化劳动组织形式,完善岗位规范

随着路桥建养公司经营机制的转换和劳动力资源优化配置的客观要求,要对原有旧的机构设置模式和工作流程进行再造。编制科学、高效、合理的机构和岗位设置方案。路桥建养公司新的组织机构的创建,应充分突出公路养护、修建行业特点,遵循以下几个原则:

(1)改革不适应市场竞争需要的企业组织体系和管理流程,设置的各职能部门权责要明确,工作流程清晰、畅通,防止职能的重复和交叉;

(2)逐步剥离社会化职能机构,对公司内部服务性质的岗位(包括招待所、试验室)也要逐步剥离按市场化运作;

(3)岗位职数的设置要以新的劳动定员标准为主要依据,从生产管理需要出发,合理确定劳动定员定额标准;

(4)管理、技术岗位与管理、技术人员职数,要按照精干、高效原则,从严掌握。

## (三)推行竞聘上岗,建立绩效考核制度,促进内部人力资源的合理流动

实行事企分开后,对于进入公路企业的人员,由原来的身份管理变为岗位管理,进一步明确其在企业工作的劳动合同制关系,与所分离出来的公路企业签订合同,明确劳动聘用关系。

传统的"干部"和"工人"界限被打破,个人收入和待遇已经逐步与其所在的工作岗位联系起来。岗位管理最大的优越性就是为竞争上岗和岗位动态考核创造了条件。针对公路养护、修建岗位历史形成的职工人数较多的情况,要进一步改革人事用工制度,可自主根据生产岗位的不同特点决定用工数量、形式和条件,以合同方式进行统一管理,形成职工能进能出的择业机制和经营者择优录用的竞争上岗机制的全新用人机制。通过改革,对公司某一阶段急需短期专业性人力资源,例如经营管理顾问、机械设备操作、工程技术人员等,则可以通过社会招聘,择优选用。公司与其建立短期劳动合同,按属地原则,在当地社会保险事业管理部门为其建立社会保险关系。劳动合同到期后,根据实际需要再确定是否继续聘用。对

较长时期需要的专业人才，则可以通过接收所需专业的高学历毕业学生或有目的地实施员工培养计划来满足需求。实施的竞聘上岗制，应该结合科学的岗位考评办法，把这一项工作制度化、周期化、做到人员能进能出、岗位能上能下、收入能升能降，提高职工的工作积极性。在新的人力资源管理中，应该根据公路工作的实际，制定出一套定期岗位绩效考核制度和办法。对不能胜任工作的人员和没有竞争到岗位的人员，对其进行转岗或转岗培训。不服从转岗分配或经培训仍不能胜任工作的职工，可以与其依法解除劳动关系。对公司内部一些社会通用工种或普通技术岗位，则可以在建立考核制度的同时，适当引入轮岗制度，让更多的富余人员能有上岗机会，这也是公司内部人力资源的一种流动形式。

（四）建立健全劳动合同管理制度，完善监督手段

集体合同和个人劳动合同，要作为路桥建养公司建立和维持劳动关系的基本形式和主要手段。劳动合同的签订及其内容，要遵循平等自愿、协商一致、互惠互利、符合法律的原则。公司建立健全劳动合同管理制度和用人机制，要从以下几个方面考虑：

(1) 新进人员劳动合同中的合同期限，可以与公司的实际需求相一致。对于具有公司中长期都需求的专业技术（高级职称、取得国家执业资格）及高学历（硕士以上）的人才，为了更能吸引和留住他们，可以与其协商签订期限较长的劳动合同；对于公司短期需求的专业和一般性人员，则可以采用较短的合同期限。

(2) 完善对劳动合同期满人员的考核制度和办法，严格从优续签劳动合同。劳动合同期满后劳动合同的续签，并不仅仅是双方履行一种手续而已。作为公路企业，一方面应考核到期员工劳动合同期的工作表现，作为是否继续与其建立劳动关系的依据之一；另一方面，公司也应分析自身生产和经营状况是否需要继续聘用合同到期的人员，如果生产经营不需要则不再与其继续签订劳动合同。

(3) 要建立劳动合同履行的考核、监督制度和办法。由公司劳动管理部门、工会、行政共同组建企业集体、个人劳动合同的监督机构，由劳动管理部门作为企业代表，工会作为职工代表，定期向监督机构提出对集体劳动合同和个人劳动合同的履行情况的总结和

意见，并由监督机构对合同中履行情况进行调整和处理。

## 四、富余人员的分流安置

改革最关键的问题是处理好人的利益调整问题，来自于因改革而受到冲击或可能受到冲击的人员的抵制，往往是造成改革与发展活动夭折的主要因素，湖北省事业单位分类改革面临的一大难题便是分流人员数量庞大。这些人员除了计划经济体制下原有的职工，还包括在国有企业改革时大量流入的人员，政府机构改革时挤进的人员，大学生分配、军转干部分配时照顾的人员。正是由于事业单位体制改革相对滞后，才使事业单位事实上成为国有企业改革、政府机构改革的"避风港"，使事业单位规模日益扩大，实行"事企分开、管养分离"的分类改革后，尤其是进入转企改制的各企业职工身份发生了实质性变化。通过因事设岗，机构得以精简和合并，同时也为事业单位带来前所未有的人事与分配等方面的压力。在改革以前和变革之中要慎重而妥善地考虑如何安置那些因改革和发展而被触动切身利益的人，尤其是要解决好转制为企业的事业单位人员和被撤消的单位人员的分流安置问题，才能保证改革的顺利进行。

(一)要解决好职工的社会保险问题

失业保险、养老保险和社会医疗保险等社会保障是和职工切身利益息息相关的大事，是"事企分开"人事制度改革的"瓶颈"问题，是疏通"出口"的关键因素。这些问题的妥善解决将使改革平稳过渡，稳步发展。

(1)推行职工失业保险制度，彻底改变职工一次从业终身不变的状况，实行失业保障和促进再就业相结合的办法，为失业职工在一定时间内提供最基本的生活保障，并为其再就业提供技能培训和就业指导，为搞活用人机制，促进人才的合理流动创造良好的社会环境。

(2)推行职工养老保险制度，根据国家统一部署，参照湖北省事业单位养老保险制度的有关政策，充分考虑保障水平与经济发展水平及各方面的承受能力，严格按照与社会保险经办机构签订的事业单位养老保险协议，积极争取地方党委、政府和有关部门的支持,建立社会统筹与个人账户相结合的基本养老保险制度,改变职工养老费用由国家和单位统包的状况。职工的养老保险费用由国家、单位和个人共同合理负担,单独建账,实行社会统筹与个人账户相结合、基本养老金社会化发放,按照"新人新政策、老人老办法、中人逐步过渡"的原则妥善处理好单位改革和人员分类安置过程中的社会统筹养老保险接续工作及新老退休人员待遇水平的平稳过渡,对改革前参加工作、改革后退休的人员,妥善保证其养老待遇水平平稳过渡、合理衔接,保持国家规定的待遇水平不降低。建立事业单位工作人员职业年金制度。统筹考虑企业、事业单位、机关离退休人员养老待遇水平。

(3)社会医疗保险制度的实行,随着我国医疗体制的改革,事业单位职工的医疗保健问题也要同时予以考虑。在利益矛盾上,要充分考虑解决职工身份转换后的后顾之忧,完善内部保障制度,对改制为企业和分流出去的人员统一交纳"五险一金"(五险,即:养老保险、医疗保险、失业保险、生育保险和工伤保险;一金,即:住房公积金),为职工的生活提供保障,即离开事业单位的全部入保,留下的暂不入保,这是为事企分开支付必要的改革成本,也是最终解决人员分开的保障。

(二)加大人员分流转岗力度

如何妥善合理安置因改革而受到影响的分流人员的出路,是保证改革顺利进行和社会稳定的大事。对内部组织机构进行"事企分开"的改革和重组后,要做好人员分流转岗工作,具体可采取以下途径来对人员妥善安置:

(1)坚持内部消化为主,解决好职工就业岗位,合理地分流安置富余人员,调配好内部人力资源,根据岗位的实际需要,尽量把人员分流安置到已建成或正在新组建的各机化站、收费站、石料场、路桥建设公司等多种经营实体,或者通过兴办第三产业安置分流人员。利用交通、公路部门"点多、线长、面广"的优势,利用原有的场地、公路、用地、设施等,积极发展广告、房地产开发、材料供应、机械设备租赁、餐饮、旅游、苗圃、种植、养殖等产业,妥善安置下岗分流人员,并可采取股份合作、职工入股、承包经营或出让经营权等方式拓宽思路、放开搞活，为内部干部职工提供更多的就业机会。

（2）进行职工知识技能再培训，提高职工技术水平，对自谋职业人员，按国家有关政策给予解除国有身份的补偿；对创办企业人员，减免相应费税。

（3）按照国家退休政策，对达到一定年龄的老职工，可采取退休、内退或买断工龄的做法，使这部分人员有稳定的生活来源。具体如下：

①正常退休。改革时，达到法定退休年龄或丧失劳动能力的人员，除高级职称以上专业技术人员可按有关规定办理延长退休，其余的一律办理退休手续。

②提前退休或退职。改革时，男性年满55周岁、女性年满50周岁的管理、技术人员，女性工人年满45周岁且工作年限（不含折算工龄）满20年，或者工作年限满30年的工作人员，可按有关政策办理提前退休，从事一线体力劳动的养路工人可再提前5年；对于符合有关因病、工伤提前退休或退职条件规定的人员，经批准可办理提前退休或退职手续，提前退休人员享受事业单位退休人员待遇，其经费来源渠道不变。

③内部退养。对工龄满30年或距法定退休年龄5年（含5年）的职工，经本人申请，所在单位批准，按规定政策办理内部退养制度。

④提前离岗。改革时接近法定退休年龄（不超过3年）的管理、技术人员和工人，原则上都应提前离岗。提前离岗人员不占事业单位编制，不晋升职员职务和技术职称，其工龄连续计算，工资福利待遇按档案工资的8%发放，经费按原来渠道解决。

（4）辞职辞退。从原公路管理机构分流到企业的人员、企业的原有职工应分别与原单位解除劳动关系和终止劳动合同，不再保留事业单位干部职工身份，原单位按照原劳动部及其他部门的规定标准，支付职工经济补偿金。经单位批准辞职的，按政策规定酌情给予一次性的补助费。被辞退人员符合领取辞退费条件的，由辞退单位按规定标准发放辞退费。对原签订协议的停薪留职人员和"两不找"人员，应终止协议，无工作岗位或本人不愿在改制后企业工作的，可协商解除劳动关系或终止劳动合同，由原单位按规定支付经济补偿金或一次性安置费。

（5）下岗待聘。对在改革中落聘的职工下岗待聘期限为两年，第一年为待聘期，第二年为托管期，待聘期内享受本人原档案工资，托管期内享受原本人档案工资的50%。托管期满仍未就业的，按规定辞职或予以辞退。

总之，要尽量避免职工的利益受损，设法使其中能继续工作的人员安心工作，以减少来自于利益方面的阻力，保证管理体制改革的顺利进行。

（三）与劳动力市场逐步接轨

要做到改革后的富裕人员能进入劳动力市场自谋职业，各路桥和养护企业需要的专业和管理人才也能通过劳动力市场进入公司。各路桥和养护企业要积极寻求鼓励富余人员自谋职业的新办法，以促进内部劳动力向公司外部的输出性流动。在具体措施中，可以考虑继续鼓励富余职工竞聘到公司举办的多种经营岗位工作，比如招待所、试验室、委托管理的收费站等，公司保留与其的劳动关系。根据公司经济承受能力，制订有偿解除劳动合同的办法；根据自愿原则，将富余人员的资料在地方人才交流中心建档，暂时保留公司与他们的劳动关系和保险关系，待这部分人员重新找到就业渠道后再与其解除劳动合同。

总之，在确保公益类事业单位人事管理基本制度的前提下，根据不同类型事业单位特点，探索有所区别的人事管理办法。对于公益一类事业单位，严格按照编制实行岗位总量和结构比例控制，并按照实名制，落实持证上岗和上级主管部门备案审核制度，加强对"进、管、出"等环节的管理；对于公益二类事业单位，以编制为基础核定岗位总量和结构比例，在岗位设置、公开招聘等具体环节上，适当考虑事业发展，赋予单位相对灵活的人事管理权。做到区分不同事业单位特点，实行不同的定编和用人方式，逐步弱化人事管理与编制管理之间"一体化"的管理模式。

## 第五节　全面推行单位分类改革的配套政策

在实施上述各项改革措施的同时，还要努力完善和全面推行相关的配套措施，以确保湖北省公路行业事业单位分类改革按照"分类指导、分业推进、分级组织、分步实施"的方针稳妥推进。

### 一、合理制定过渡政策

为平稳推进转制工作，可给予过渡期，一般为5年。在过渡期内，对转制单位给予适当保留原有税收等优惠政策。在离退休待遇方面，实行老人老办法，新人新办法。转制前已离退休人员，原国家规定的离退休费待遇标准不变，支付方式和待遇调整按国家有关规定执行；转制前参加工作、转制后退休的人员，基本养老金的计发和调整按照国家有关规定执行，保证离退休人员待遇水平平稳衔接。在医疗保障方面，离休人员继续执行现行办法，所需资金按原渠道解决；转制前已退休人员，转制后继续按规定享受职工基本医疗保险、补充医疗保障等待遇。有条件的转制单位，可按照有关规定为职工建立补充医疗保险和企业年金。改革后要进一步做好离退休人员的服务管理工作。

### 二、政策、法律及财政支持

参考西方发达国家经验，可以发现其公路管理体制改革都是在比较充分的法律法规基础上实施的。完善的法律法规是转变公路管理机构性质、整合优化职能资源的基本前提。有关公路管理机构的一系列法律法规，如《公路法》《公路安全保护条例》等，都明确了公路管理机构承担行政管理职能的合法地位，但对于公路交通管理系统内部行政职能的划分不明确，有些机构集"建、管、养"职能于一身，有些则只有"管"的职能；公路管理机构性质与行政管理职能不匹配，进而导致公路管理人员身份不明确，给公路管理活动带来或多或少的困难，从而影响执法效力、效果。因此，为保障湖北省公路管理系统分类改革目标实现，有必要借鉴国外经验，进一步完善公路法律法规，积极修改地方性公路管理条例，尽快出台相关政策与法规，明确公路管理机构的法律身份和职责；实现行政机构性质法定化，确立法律手段为主、行政手段为辅的综合管理方式。

（1）尽快向上级政府和公路主管部门申请制定和颁布有关分类推进地方公路事业单位改革指导意见的正式文件，从法规的层面为改革指明方向，同时也为公路行业向地方政府争取政策支持提供依据。

（2）针对国家提出的深化分类改革的意见，结合行业的实际，尽快推动《公路法》等相关法律法规的修订工作，通过立法形式明确公路管理机构的性质为行政机构，不再为事业单位，管理人员为公务员，明确公路管理机构的设置原则，实现机构性质法定化，为公路行业深化改革提供法律、法规上的依据和支持。

（3）进一步修正《公路安全保护条例》，进一步明确公安机关交通管理部门、公路管理机构、公路经营企业等在公路交通安全管理过程中各部门的具体职责；统一各级公路管理机构职责划分标准；将乡道、村道的养护管理职能纳入到县级公路管理机构的职能范畴。

（4）各级公路管理部门根据实际情况制定《公路管理定员标准》，在条例中明确人员编制标准及经费拨付标准。

（5）各级公路管理部门根据实际情况制定《公路经营企业质量信誉考核实施细则》《公路管理人员绩效考评实施细则》，加强政府对公路经营企业的宏观管理，加强对公路管理人员的监督管理。

（6）完善财务及资产处理政策。企业改制时，必须清偿改制前企业拖欠职工的负债（包括工资、生活费、医疗费、公积金和补缴欠缴的社会保险费用等）。改制前企业用国有净资产变现收益清偿对职工的负债、支付职工经济补偿金和一次安置费，由此所造成的账面国有资产减少，应按规定程序报批后冲减改制前国有资本。

（7）加快建立、健全其他配套的法规和规章体系，特别应当加强公路行政管理、市场管理方面的规定和办法，按照《行政许可法》的规定和要求，对政府的各项审批进行清理，减少审批事项，约束政府行为，做到依法管理。

(8)协调国家财政部制定相关措施，在车购税转为地方税的改革过程中，严防地方政府挪用挤占专项资金，确保公路行业专款专户专用，各级公路管理机构要争取政府部门出台土地划拨、资产划拨、税收减免、特许经营权、政府购买服务制度倾斜等政策，以获得政策优惠和财政扶持。

此外，还要深化行政执法体制改革。依据《公路法》《公路安全保护条例》等法规，保留普通公路路政执法机构，按照统一管理，分级负责原则建立省、市州、县区三级公路行政执法机构(包括公路治超机构)。采取措施，积极向普通公路、高速公路综合执法模式过渡。鉴于农村公路产权属于集体所有制，农村公路的执法工作由县级地方人民政府负责。

## 三、健全现代市场体系

(一)理顺管理关系

要建立公路建设及运营管理的市场化运行机制，首先要厘清政府、企业、社会在建设及运营过程中的相互关系。

政府交通主管部门不直接参与公路建设及运营管理工作，而应从政策法规制定及监督执行、资质许可、企业及个人信用管理等方面进行行业引导和宏观市场管理；公路建设应实行项目法人制，鉴于公路具有社会公益性特点，公路建设项目法人可以是政府行政管理体制下的事业单位或社会企业，项目法人对公路建设全过程的投资、质量、安全、进度、环境保护等负责并行使管理权力；公路建设设过程应当接受社会监督，社会监督通常有两种形式：第一种，政府行政管理体制下的专职监督单位(质量监督部门)；第二种，公共媒体及其他社会组织。

(二)投资建设的市场化

按照上述管理关系，以及专业化管理的需求，应当试点公路建设项目法人由专业管理咨询公司承担，政府通过公开招投标选择优秀的管理咨询单位作为公路建设项目法人，设定建设管理目标对管理咨询单位的工作成果进行考核，同时根据考核结果支付一定的公路建设管理费用。这种建设管理模式精简了政府行政机构(含事业单位),节约了管理成本,同时大幅提升了公路建设管理水平,营造了良好的公路建设市场环境。同时,放开普通公路建设市场,削减普通公路资质项目,建立健全普通公路诚信体系,实行普通公路优胜劣汰的退出机制,放开普通公路市场竞争价格,不再实行价格控制。在事企分开的基础上,通过对养护资金使用的市场化管理,包括优先项目确认,质量保证体系采纳,养护公司施工质量比选,以及合适的道路养护技术的评估,引导企业按市场化方式运作,使得企业的负责程序加强。

(三)政企分开的市场化运作模式

经过分类改革后,政府对公路事业单位的导向和支撑作用将不再只是简单地通过行政手段实现,而是要在市场的基础作用之上,通过经济手段和市场运作方式来实现。这表现为不只是拨改革和事业经费,更主要的是通过立法、产业政策、财税政策、金融政策、价格政策等政策措施,通过产权流动及信息、规划指导等方式引导和推进公路事业发展。因而作为政府机构的公路管理部门,不再领导、管理和干预企业的经营,而是通过对市场环境的监管,约束企业的市场行为,把属于企业的权利全部交由企业行使,由其自主经营、自负盈亏、自我约束、自我发展,而是在企业资产中,仍然有部分或者全部资产为国有资产,在这种情况下,将国有资产的管理权利移交给国资管理部门。

## 第六节 改革保障措施

### 一、精心设计方案,加强沟通协调

运用科学的理论和方法认识现实中的问题,制定合理而完善的方案,是保证改革成功的基本前提。要在进行调查研究、分析论证的基础上,汲取国内外公路管理体制的优点,结合湖北公路管理的实际及各级公路事业单位的特点,制定出科学而行之有效的分类改革方案。

同时，在整个改革过程中，都要加强各级的沟通协调。

首先，要加大改革前期宣传力度，创新组织文化。改革前的宣传工作十分重要，要对改革的目的、意义、方法、步骤进行深入宣传，让职工在改革前就进行充分的沟通与讨论，通过职工代表大会等形式征求职工的意见、建议，这既有助于宣传改革的意义，清除人们的误解，又有助于制定合理的改革方案。

其次，在改革进程中，要加强沟通协调，创造良好的改革环境，对涉及机构改革、职能调整、人员安置等重大敏感事项，省级交通运输主管部门要发挥主导作用，积极向省委、省政府汇报，认真做好与机构编制、发展改革、财政等部门的协调沟通，寻求广泛支持，形成改革合力。结合本地实际，通过省级人民政府制定出台本地公路管理体制改革的相关办法，确保改革顺利推进。对相关法律问题，省级交通运输主管部门要积极协调，及时提请省级人民代表大会或常委会通过立法途径予以解决。

## 二、加强组织领导，促进全员参与

事业单位分类改革工作涉及面广，涉及行政体制改革、事业单位改革、企业改制、人员分流和国有资产处置等诸多方面，关系着干部职工的切身利益，任务复杂而艰巨。面对本次分类改革工作，各级公路管理机构要坚定信心，认真组织，建立领导小组，明确落实责任，在各级党委、政府和交通主管部门的正确领导下，科学严谨地制订改革方案，主动与机构编制、组织、财政、人力资源和社会保障等部门沟通协调，主动争取有利于公路行业发展的优惠扶持政策和经费保障，形成改革合力，确保改革顺利推进。

要解放思想，切实加强领导对改革的支持和指导，做好组织保障工作，切实加强对改革的组织领导，认真做好改革的总体指导，加强对广大干部职工的政策教育和实践操作培训，认真领会中央推进事业单位改革和大部制改革的总体部署，解放思想，转变观念，强化公共服务意识、服务大局意识、主动改革意识和努力创新意识，增强改革的承受力，确保改革顺利进行。

社会心理学研究表明，参与组织管理和变革活动有多方面的作用，既可以吸收和集中普通工作人员的智慧，又可以增强他们的心理满足感和成就感，减少思想阻力，从而促进改革顺利进行。要扩大职工的参与面和参与程序，包括让职工共同选择和拟定改革方案，共同分享情报资料，及时将进展情况、取得成绩和存在问题公之于众，并加强思想交流和信息沟通，对出现的问题尽量采取民主协商的方式解决，从而尽量降低管理体制改革的阻力，推动改革的前进。

实践证明，在进行重大的改革前都需要对组织中某些关键性职位进行人事调整，以便从宏观的组织体系上保证未来的改革与发展能够顺利进行。但同时这种人事调整范围不宜过宽，以期最大限度地减少因改革和发展而带来的振荡。在分类改革前，重点要调整省交通运输厅、省公路管理局及各转企改制单位的中高层人员，把有创新意识，领导能力强的人员调整到省厅和公路管理局机关部分中层以上岗位，从事改革方案的制定和实施；把擅长经营管理、具有专业技术特长的人员调整到转企改制的企业中，以利于搞活经营，与市场接轨。

### 三、采取科学步骤，积极稳妥实施

各级公路管理机构要及时与省级公路管理部门沟通联系，积极向交通主管部门汇报，对涉及改革的重大敏感问题，各地要注意把握改革节奏，因地制宜，重点解决好关键环节的改革问题；对于涉及职工分流安置的方案，必须经过本单位职工代表大会审议通过，报上级公路管理机构同意备案，并报当地劳动和社会保障部门批准；涉及广大职工合法权益的改革，要充分听取群众意见，充分调动干部职工支持改革宣传工作，避免出现侵害群众利益、简单粗暴解决问题等情况发生。具体的实施可按照以下步骤来展开：

(1) 审视状态：对内外环境现状进行回顾、反省、评价、研究；

(2) 觉察问题：识别组织中存在问题，确定体制改革需要；

(3) 辨明差距：找出现状与所希望状态之间的差距，分析所存在问题；

(4)设计方法：提出和评定多种备选方法，经过讨论和绩效测量，作出选择；

(5)实行改革：根据所选方法及行动方案，实施改革行动；

(6)反馈效果：评价效果，实行反馈。若有问题，再次循环此过程。

## 四、加强检查监督，强化改革行为

加强检查监督，严肃改革纪律。机构编制、交通运输、发展改革、财政等部门要加强对地方公路管理体制改革的监督检查，可以先选取一两个下属公路管理段进行试点改革。改革期间，各公路管理机构要严格执行法律法规、政策规定和工作纪律，接受机构编制、交通运输、发展改革、财政等部门的监督检查，杜绝改革过渡期内突破机构编制管理规定、挤占挪用国有资产、突击进人或突击提拔等违规违纪行为。创造良好的改革环境，保障各项改革工作稳妥有序推进，加快公路行业转型，促进公路交通事业健康可持续发展。

通过检查结果进行反馈，从而进一步强化改革行为。主要方法是要对表现出新的思想态度、新的改革行为的下属单位和个人给予积极的宣传和充分的肯定，具体方法包括公开表扬、宣传报道、物质鼓励、提职提薪等。对在管理体制改革中作出了突出成绩的团体或个人，还应当给予特别的宣传和肯定。试点单位的改革取得成功后，要总结经验，全面推广。省公路局要公开地表明改革的态度和倾向性，尤其是常委领导班子要思想统一，步调一致，明显表达公开改革的态度和倾向性，使其成为克服或抑制变革阻力的一个重要因素。

## 五、采取正确方式，消除抵制心理

管理体制改革能否确定一个有效、合理的方式，直接决定了变革阻力的大小，进而决定了改革的成败与否。根据客观环境的要求以及组织内部变革的迫切程度，对于湖北省公路事业单位分类改革，如果采取革命性方式，即一举打破原状，抛弃旧的一套而断然采取新的办法，不利于开展公路管养工作的连续性和稳定性；采取渐进性方式，即采取逐渐演变、过渡的办法，在原有的框框内作些小改小革，又不利于取得实质性进展。所以在改革方式上，宜采取计划性变革方式，即采取系统发展、统筹解决的办法，在充分的理论准备和经验总结的基础上，拟定变革的方案，经有关人员共同研究，分析修改，建立变革的系统模型，确定解决问题的具体措施，然后一步步实施，最终达到组织高效化、最佳化状态，完成组织的任务。

管理体制改革取得成功的关键在于，尽可能地不要让那些影响改革的困难和障碍发挥作用，最大限度地缩小反对变革的力量，使变革的阻力尽量降低。虽然湖北省公路事业单位分类改革面临一定的困难和障碍，但实际上改革的动力和阻力并不是各自分开的，而是相互作用和影响着，形成一个错综复杂的力场，并不断保持着动态平衡。不能把过多力量耗费于无法控制的那些因素上，而应集中全力在可以改变的因素上，使动力大于阻力，改革发生并向前发展。顺利推行湖北省公路事业单位分类改革，其基本路径有以下几个方面：

正确运用组织动力来消除各级机构及职工的抵制心理：

（1）要统一思想，让单位领导和下级人员形成对改革共同的认识，认清改革的必要性和重要性，在组织内形成要求变革的强大力量，促使人们自觉去改革；

（2）培养管理体制的强烈归属感，领导要通过各种形式和途径在组织中形成"变革是我们自己的事，我们每个人都是变革中的一份子"的归属感，把"要我改"，变成"我要改"；

（3）力争分类改革的目标与单位共同目标最大限度地重合或协调，把公路管养工作统一到"为社会公众服务、为基层服务、为职工群众服务"上来，便于有效影响组织成员的态度与行为；

（4）对于部分不赞成改革、阻碍改革，思想观念和行业停留在旧有公路管养模式上的人员，利用单位中良好的规范施加压力，迫使他们遵从单位的改革行为。

总之，全省各级公路管理部门要认真学习领会中央和省委省政府的精神，立足行业发展，从建设服务型政府和促进交通运输健康发展的高度充分认识推进公路事业单位分类改革的重大意义，切实增强责任感和紧迫感，结合自身改革要求，争取各级地方政府领导与支持，坚定不移地进行改革。

## 附表1

### 湖北公路系统事业单位承担职能人数情况表

单位：人

| 地区 | 人员类别 | 1989年省编办批复编制数 | 行政管理人员 机关人员 十二五预算数 | 行政管理人员 机关人员 实有人数 | 行政管理人员 路政人员 核定数 | 行政管理人员 路政人员 实有人数 | 公益服务人员 养护人员 预算数 | 公益服务人员 养护人员 实有人数 | 公益服务人员 收费人员 预算数 | 公益服务人员 收费人员 实有人数 | 公益服务人员 超限站 核定数 | 公益服务人员 超限站 实有人数 | 机渡人员 预算数 | 机渡人员 实有人数 | 企业人员 实有人数 |
|---|---|---|---|---|---|---|---|---|---|---|---|---|---|---|---|
| 湖北省 | 省级 |  | 160 | 138 | 0 | 0 | 0 | 0 | 0 | 0 | 0 | 0 | 0 | 0 | 0 |
| 荆州市 | 市(州)级 | 3596 | 73 | 221 | 6 | 0 | 0 | 0 | 0 | 0 | 315 | 0 | 0 | 0 | 0 |
| 荆州市 | 县(市、区)级 | 3596 | 296 | 426 | 162 | 183 | 0 | 1010 | 0 | 0 | 315 | 242 | 0 | 22 | 195 |
| 黄冈市 | 市(州)级 | 3596 | 78 | 59 | 11 | 6 | 0 | 0 | 3 | 0 | 280 | 0 | 0 | 0 | 0 |
| 黄冈市 | 县(市、区)级 | 3596 | 410 | 304 | 129 | 118 | 0 | 1339 | 158 | 68 | 280 | 297 | 0 | 0 | 869 |
| 孝感市 | 市(州)级 | 3596 | 72 | 150 | 0 | 0 | 0 | 0 | 0 | 0 | 42 | 0 | 0 | 0 | 225 |
| 孝感市 | 县(市、区)级 | 3596 | 288 | 633 | 125 | 207 | 0 | 1727 | 0 | 0 | 42 | 234 | 0 | 0 | 442 |
| 宜昌市 | 市(州)级 | 3596 | 78 | 60 | 6 | 5 | 0 | 21 | 4 | 1 | 245 | 0 | 0 | 0 | 149 |
| 宜昌市 | 县(市、区)级 | 3596 | 387 | 430 | 129 | 152 | 0 | 1614 | 118 | 140 | 245 | 308 | 0 | 59 | 309 |
| 咸宁市 | 市(州)级 | 3596 | 68 | 73 | 22 | 21 | 0 | 19 | 0 | 0 | 195 | 25 | 0 | 0 | 377 |
| 咸宁市 | 县(市、区)级 | 3596 | 226 | 210 | 98 | 126 | 0 | 1676 | 0 | 0 | 195 | 189 | 0 | 0 | 411 |
| 襄阳市 | 市(州)级 | 3596 | 78 | 101 | 9 | 0 | 0 | 0 | 0 | 0 | 280 | 0 | 0 | 0 | 77 |
| 襄阳市 | 县(市、区)级 | 3596 | 353 | 331 | 151 | 116 | 0 | 2501 | 0 | 0 | 280 | 412 | 0 | 0 | 542 |
| 恩施州 | 市(州)级 | 3596 | 78 | 75 | 12 | 14 | 0 | 234 | 0 | 0 | 330 | 0 | 0 | 0 | 0 |
| 恩施州 | 县(市、区)级 | 3596 | 336 | 348 | 123 | 106 | 0 | 2347 | 0 | 0 | 330 | 309 | 0 | 7 | 310 |
| 十堰市 | 市(州)级 | 3596 | 78 | 73 | 8 | 6 | 0 | 0 | 0 | 0 | 220 | 0 | 0 | 0 | 274 |
| 十堰市 | 县(市、区)级 | 3596 | 331 | 280 | 117 | 165 | 0 | 1728 | 0 | 0 | 220 | 265 | 0 | 0 | 314 |

附表1 湖北公路系统事业单位承担职能人数情况表

| 地区 | 人员类别 | 1989年省编办批复编制数 | 行政管理人员 机关人员 十二五预算数 | 行政管理人员 机关人员 实有人数 | 路政人员 核定数 | 路政人员 实有人数 | 养护人员 预算数 | 养护人员 实有人数 | 公益服务人员 收费人员 预算数 | 公益服务人员 收费人员 实有人数 | 公益服务人员 超限站人员 核定数 | 公益服务人员 超限站人员 实有人数 | 机渡人员 预算数 | 机渡人员 实有人数 | 企业人员 实有人数 |
|---|---|---|---|---|---|---|---|---|---|---|---|---|---|---|---|
| 黄石市 | 市(州)级 | 3596 | 68 | 38 | 25 | 25 | 0 | 70 | 0 | 0 | 120 | 50 | 0 | 0 | 109 |
| 黄石市 | 县(市、区)级 | | 122 | 178 | 62 | 96 | 0 | 983 | 0 | 0 | | 116 | 0 | 0 | 308 |
| 荆门市 | 市(州)级 | | 68 | 105 | 13 | 13 | 0 | 0 | 0 | 0 | 145 | 109 | 0 | 0 | 577 |
| 荆门市 | 县(市、区)级 | | 235 | 152 | 102 | 161 | 0 | 1045 | 0 | 0 | | 200 | 0 | 0 | 0 |
| 随州市 | 市(州)级 | | 68 | 46 | 8 | 10 | 0 | 16 | 0 | 0 | | 0 | 0 | 0 | 94 |
| 随州市 | 县(市、区)级 | | 118 | 150 | 83 | 72 | 0 | 678 | 0 | 135 | 120 | 134 | 0 | 0 | 76 |
| 武汉市 | 市(州)级 | | 68 | 78 | 0 | 116 | 0 | 0 | 0 | 0 | | 118 | 0 | 0 | 315 |
| 武汉市 | 县(市、区)级 | | 253 | 264 | 125 | 94 | 0 | 1940 | 0 | 0 | 370 | 378 | 0 | 0 | 0 |
| 鄂州市 | 市(州)级 | | 68 | 88 | 20 | 24 | 0 | 153 | 0 | 0 | 25 | 20 | 0 | 0 | 92 |
| 潜江市 | 市(州)级 | | 68 | 95 | 40 | 10 | 0 | 155 | 0 | 78 | 60 | 60 | 0 | 0 | 236 |
| 仙桃市 | 市(州)级 | | 68 | 131 | 26 | 21 | 0 | 131 | 0 | 0 | 35 | 32 | 0 | 0 | 0 |
| 天门市 | 市(州)级 | | 68 | 60 | 24 | 54 | 0 | 405 | 0 | 0 | 35 | 129 | 0 | 0 | 0 |
| | 市(州)级 | | 68 | 70 | 24 | 20 | 0 | 132 | 0 | 0 | 35 | 117 | 0 | 0 | 0 |
| 市州总计 | | | 1215 | 1523 | 254 | 345 | 0 | 1336 | 7 | 214 | | 660 | 0 | 0 | 1615 |
| 县市区总计 | | | 3355 | 3706 | 1406 | 1596 | 0 | 18588 | 276 | 208 | 2990 | 3084 | 0 | 88 | 4686 |
| 全省总计 | | | 4570 | 5229 | 1660 | 1941 | 0 | 19924 | 283 | 422 | | 3744 | 0 | 88 | 6301 |

续表

## 附表 2  全省各市州公路养护里程历史变化情况表

单位：公里

| 项目内容 | 1988 年 | | 1998 年 | | 2005 年 | | 2012 年 | | 备注 |
|---|---|---|---|---|---|---|---|---|---|
| | 养护总里程 | 列养里程 | 养护总里程 | 列养里程 | 养护总里程 | 列养里程 | 养护总里程 | 列养里程 | |
| 合计 | 45351.53 | 25402.10 | 50224.22 | 28202.75 | 84416.391 | 32369.219 | 217085.00 | 34746.16 | |
| 荆州市公路管理局 | 6574.53 | 3945.47 | 3589.07 | 2104.73 | 6273.745 | 2448.957 | 18613.64 | 2476.14 | |
| 黄冈市公路管理局 | 4723.40 | 2713.24 | 5262.14 | 3017.94 | 8290.654 | 3282.847 | 23412.75 | 3244.44 | |
| 孝感市公路管理局 | 3726.31 | 1805.95 | 3898.78 | 2050.81 | 4658.658 | 2034.858 | 12902.71 | 2023.52 | |
| 宜昌市公路管理局 | 6071.40 | 2823.89 | 7359.01 | 3237.47 | 10658.548 | 3403.199 | 26440.70 | 3427.49 | |
| 咸宁市公路管理局 | 3744.57 | 2176.22 | 3186.96 | 1853.49 | 4587.303 | 1958.636 | 13543.92 | 1957.75 | |
| 襄阳市公路管理局 | 6589.66 | 3349.90 | 5057.67 | 2598.06 | 12618.929 | 3030.208 | 25971.51 | 3020.56 | |
| 恩施州公路管理局 | 5073.04 | 3023.05 | 5211.27 | 3033.37 | 8258.696 | 3331.308 | 18722.92 | 3302.66 | |
| 十堰市公路管理局 | 3924.13 | 2793.75 | 4262.41 | 2989.99 | 7525.149 | 3197.835 | 22036.50 | 3116.15 | |
| 黄石市公路管理局 | 534.28 | 379.04 | 1406.96 | 884.10 | 1965.895 | 1110.585 | 5240.08 | 1094.12 | |
| 荆门市公路管理局 | 1015.51 | 606.73 | 2580.50 | 1626.31 | 3871.321 | 1919.113 | 11549.37 | 1915.06 | |
| 鄂州市公路管理局 | 475.24 | 261.71 | 608.28 | 358.58 | 2036.185 | 523.279 | 3099.03 | 522.70 | |
| 林区公路管理局 | 355.09 | 328.77 | 370.51 | 274.45 | 437.654 | 287.654 | 1478.79 | 274.02 | |
| 随州市公路管理处 | (1737.63) | (769.44) | 1801.12 | 784.77 | 2726.052 | 1205.092 | 6980.23 | 1168.62 | |
| 潜江市公路管理局 | | | 509.65 | 332.53 | 1659.634 | 499.126 | 2579.57 | 495.55 | |
| 仙桃市公路管理局 | | | 590.84 | 363.88 | 1132.049 | 435.449 | 4050.78 | 426.85 | |
| 天门市公路管理局 | | | 785.41 | 403.61 | 1382.987 | 434.095 | 3608.78 | 458.40 | |
| 武汉市公路管理处 | 2539.37 | 1294.38 | 2903.74 | 1629.00 | 4767.995 | 1702.041 | 12715.21 | 1701.27 | |
| 省高管局 | | | 357.17 | 357.17 | 1564.937 | 1564.937 | 4138.51 | 4120.86 | |

## 附表3  全省各市州公路事业单位人员历史变化情况表

单位：人

| 项目内容 | 1988年 小计 | 1988年 在职职工 | 1988年 离退休数 | 1998年 小计 | 1998年 在职职工 | 1998年 离退休数 | 2005年 小计 | 2005年 在职职工 | 2005年 离退休数 | 2012年 小计 | 2012年 在职职工 | 2012年 离退休数 | 备注 |
|---|---|---|---|---|---|---|---|---|---|---|---|---|---|
| 合计 | 30509 | 26897 | 3612 | 43257 | 34173 | 9084 | 50533 | 38258 | 12275 | 52018 | 35328 | 16690 | |
| 省公路局机关 | 463 | 336 | 127 | 502 | 313 | 189 | 383 | 174 | 209 | 369 | 137 | 232 | |
| 荆州市公路管理局 | 3961 | 3601 | 360 | 3501 | 2995 | 506 | 4238 | 3593 | 645 | 4293 | 3454 | 839 | |
| 黄冈市公路管理局 | 3005 | 2606 | 399 | 4174 | 3234 | 940 | 4801 | 3499 | 1302 | 5092 | 3263 | 1829 | |
| 孝感市公路管理局 | 2247 | 2007 | 240 | 3931 | 3440 | 491 | 4124 | 3361 | 763 | 4486 | 3284 | 1202 | |
| 宜昌市公路管理局 | 3023 | 2702 | 321 | 3304 | 2538 | 766 | 4316 | 3230 | 1086 | 4846 | 3086 | 1760 | |
| 咸宁市公路管理局 | 2226 | 1968 | 258 | 2968 | 2281 | 687 | 4060 | 3117 | 943 | 4532 | 3287 | 1245 | |
| 襄阳市公路管理局 | 3942 | 3540 | 402 | 4873 | 3951 | 922 | 5193 | 3976 | 1217 | 5868 | 4049 | 1819 | |
| 恩施州公路管理局 | 2935 | 2447 | 488 | 3398 | 2335 | 1063 | 3604 | 2478 | 1126 | 3608 | 2131 | 1477 | |
| 十堰市公路管理局 | 3404 | 3060 | 344 | 3872 | 2802 | 1070 | 4491 | 2882 | 1609 | 4899 | 2865 | 2034 | |
| 黄石市公路管理局 | 700 | 630 | 70 | 1502 | 1271 | 231 | 1836 | 1535 | 301 | 2103 | 1521 | 582 | |
| 荆门市公路管理局 | 646 | 551 | 95 | 2675 | 2108 | 567 | 2762 | 2083 | 679 | 3009 | 2018 | 991 | |
| 鄂州市公路管理局 | 461 | 398 | 63 | 900 | 743 | 157 | 695 | 552 | 143 | 739 | 570 | 169 | |
| 林区公路管理局 | 369 | 277 | 92 | 445 | 268 | 177 | 410 | 224 | 186 | 402 | 214 | 188 | |
| 随州市公路管理处 | | | | 1052 | 812 | 240 | 1528 | 1156 | 372 | 1682 | 1095 | 587 | |
| 潜江市公路管理局 | | | | 499 | 417 | 82 | 631 | 511 | 120 | 727 | 511 | 216 | |
| 仙桃市公路管理局 | | | | 794 | 693 | 101 | 881 | 694 | 187 | 967 | 650 | 317 | |
| 天门市公路管理局 | | | | 475 | 401 | 74 | 617 | 516 | 101 | 744 | 598 | 146 | |
| 武汉市公路管理处 | 1647 | 1514 | 160 | 2705 | 2206 | 499 | 3887 | 3101 | 786 | 3652 | 2595 | 1057 | |

# 参考文献

[1] 中共中央国务院关于分类推进事业单位改革的指导意见[J]. 人才资源开发, 2012(05).

[2] 黄宁平. 关于事业单位的战略分析[J]. 中国科技信息, 2012(07).

[3] 宋湘婷. 生产经营类事业单位转企改制的制度衔接问题研究[D]. 厦门大学, 2014.

[4] 陈志兴. 事业单位转企后员工激励机制的研究[D]. 辽宁科技大学, 2012.

[5] 闫涛. 基于SWOT及AHP的企业战略优选研究[D]. 长安大学, 2012.

[6] 王燕妮. 中国事业单位改革的战略与实践研究[D]. 东北财经大学, 2007.

[7] 刘春月. 事业单位转企改制过程中组织及人力资源变革问题研究[D]. 中央民族大学, 2015.

[8] 樊丽丽. 转企背景下科研型事业单位员工绩效管理优化研究[D]. 宁波大学, 2015.

[9] 刘华强. 事业单位改制对财务和会计的影响及对策研究[D]. 西南财经大学, 2013.

[10] 边华. 我国经营性事业单位改制转企面临的问题及对策研究[D]. 西安建筑科技大学, 2013.

[11] 成文琦. 生产经营类事业单位转企改制中的国有资产处置研究[D]. 厦门大学, 2014.

[12] 阎正. 转企运营的事业单位组织结构变革研究[D]. 中国海洋

大学，2013.

[13] 江智涛. P 经营性事业单位改制为国有企业的财务问题研究[D]. 云南大学，2012.

[14] 易丽丽. 我国事业单位分类改革的困境与建议——基于广东省事业单位改革创新做法的思考[J]. 行政管理改革，2012(02).

[15] 浙江省编办. 适应市场经济发展要求积极稳妥推进生产经营类事业单位转企改制[J]. 中国机构改革与管理，2012(01).

[16] 罗重谱. 中国事业单位分类改革轨迹及走向判断[J]. 改革，2012(04).

[17] 李建钟. 事业单位分类改革的方向[J]. 中国报道，2012(05).

[18] 齐军，李宪玲. 从事业单位分类改革看引进和培养人才[J]. 中国管理信息化，2012(10).

[19] 廖敏，邹斌. 我国事业单位法人治理模式探析[J]. 中国商论，2016(21).

[20] 文卡. 浅析事业单位分类改革的困境与出路[J]. 经济师，2016(07).

[21] 邢可索. 攻坚克难 扎实推进 确保事业单位分类工作顺利完成[J]. 机构与行政，2014(05).

[22] 牛占华. 深入学习贯彻党的十八大精神 扎实推进事业单位分类改革[J]. 中国机构改革与管理，2013(03).

[23] 张金亮. 事业单位分类改革宏观视角分析[J]. 机构与行政，2013(04).

[24] 邹利敏. 关于事业单位分类改革路径的思考[J]. 中国财政，2014(23).

[25] 李娜. 事业单位分类改革政策执行问题研究[J]. 机构与行政，2015(05).

[26] 韩艳，朱火云. 事业单位养老保险政策改革及其启示——基于 1978—2015 年国家层面政策文本的研究[J]. 学术探索，2015(10).

[27] 李建忠. 公益目标及其实现机制：事业单位分类改革的核心

问题[J]. 北京行政学院学报, 2014(01).
[28] 高红, 王红梅. 事业单位分类改革: 组织分化与重构的视角[J]. 北京行政学院学报, 2013(05).
[29] 郭小聪, 聂勇浩. 事业单位分类改革: 内在冲突及替代性方案[J]. 中国人民大学学报, 2011(05).
[30] 赵立波. 关于事业单位分类改革若干重大问题的思考[J]. 新视野, 2010(06).
[31] 李春林, 张国强, 赵首军. 事业单位分类改革中面临的深层次问题及其启示——来自鄂尔多斯市和包头市事业单位分类改革的调研报告[J]. 中国行政管理, 2008(08).
[32] 左然. 构建中国特色的现代事业制度——论事业单位改革方向、目标模式及路径选择[J]. 中国行政管理, 2009(01).

# 后 记

　　由于日常杂务繁忙,书稿的整理总是断断续续,借用"吹灭读书灯,一身都是月"来形容暑假期间整理书稿是再恰当不过的体验,终于在9月新学期开学前完成了这本书稿的整理工作。这本书从课题研究到书稿整理完成历经四个春秋,希冀能为推动湖北省公路行业事业单位分类改革作出微薄的贡献。

　　本书是在湖北省交通运输厅公路管理局2014年科技项目《湖北省公路行业事业单位分类改革的现在与对策研究》的研究成果基础上整理而成,研究成果凝聚了湖北省交通运输厅公路管理局、武汉市公路管理处和湖北交通职业技术学院的广大专家和科研工作者的心血和智慧。感谢武汉大学出版社责任编辑胡荣女士的鼎力相助,得以使本书面世。

　　感谢40年致力于湖北公路事业改革和发展的武汉市公路管理处处在陈晓桥教授级高工,以丰富的行业经验和智慧指导课题研究;感谢学术造诣精深和正直善良的湖北交通职业技术学院校长陈方晔教授,精湛的学术造诣令我钦佩不已;感谢湖北交通职业技术学院副校长李全教授,扎实严谨的治学态度如明灯指引着我前行;感谢亦师亦友的湖北交通职业技术学院党委书记戴光驰先生,其丰富的管理经验和高瞻远瞩的战略思维使我终身受益;感谢湖北第二师范学院蔡璐博士,夜以继日、不辞辛劳地参与课题研究,令人感动和钦佩;感谢湖北交通职业学院李峰老师,为该书的撰写工作付出了大量劳动和心血;感谢湖北省交通运输厅公路管路局建设处詹勇处长和刘颖副处长,他们对课题研究的宏观指引,为我们拓宽了思路,明确了方向。还要感谢湖北交通职业技术学院科研处罗星海处长、张颖副处长和谢敏女士,他们一直不离不弃地辛勤付出。

  最后,还要和王孝斌教授一起,感谢我们的家人,是他们在背后为我们默默的付出和支持,才使得这本书顺利面世。

李刚

2017 年 8 月 27 日